깊은 뜻이 담겨있는 부처님 말씀 천수경

깊은 뜻이 담겨있는 부처님 말씀

천수경

천명일 편저

지혜의나무

서 문

　불자라면 마땅히 종교의 어머니, 그 어머니의 말씀인 천수경千手經을 당연히 알고 있어야 지당합니다. 그런데 저는 일반 불자 독송집에 있는 천수경을 잘만 외우면 되려니 하고 애써 외웠을 뿐 그 경문의 의미에 대하여서는 한 번도 생각해본 일이 없었습니다.
　무조건 다라니만을 입으로 외우면 되는 줄 알고 암기력만 자랑하며 청산유수로 염불만 잘하였습니다. 이렇게 외운 다라니 덕분에 세상을 별 어려움 없이 신선처럼 복 받고 잘살고 있습니다.
　그러던 어느 날, 부산 불교 대학에서 『천수경』 강의를 좀 해달라는 부탁을 받았습니다. 그저 별 생각 없이 가볍게 "네, 그러지요."하고 대답했습니다. 『천수경』 강의쯤이야 싶었습니다. 그런데 강의를 준비하면서 경문의 내용을 주의 깊게 보는 순간 정신이 아찔했습니다. 잠시 마음을 가다듬고 곰곰이 생각해보니 병적으로 경솔한 자신의 어리석음의 끝이 보이는 듯 했습니다.

『천수경』을 해설해 가면서 느낀 것은『천수경』이 알기 쉬운 경전도 아니려니와, 실은 뜻을 아는 것과는 아무 상관도 없는 신비로운 경임을 알았습니다. 오로지 굳건한 믿음 하나로 성불할 수 있는 가르침의 경이요, 그 비법은 바로 신묘장구대다라니神妙章句大多羅尼를 열심히 외우는 것입니다.

이렇게 신비로운 가르침에 감히 누가 무슨 말을 더하고 빼겠습니까. 그래서 천수경문의 밑바닥에 깊이 깔려있는 불심을 느낄 수 있는 소견을, 최대한 부처님의 지견에다 맞추어 설명해 보았습니다.

그래서 이 책에서는 강의講義가 아닌 광의廣義를 하고자 합니다.

주지하는 바와 같이 지금 우리가 접하고 있는 불경佛經은 전부가 인도 고대어로 적은 것을 부처님이 열반경에서 밝히신 바대로 홍광보살弘廣菩薩들이 중국에 와서 뜻글인 한자漢字로 의역意譯한 경문입니다. 그러므로 한문경문을 가지고 일반 번역문처럼 우리말로 직역을 하면 그 뜻을 알기 힘듭니다. 그러므로 본래의 뜻을 은밀히 느낄 수 있게 하는 광의廣義가 가장 바람직하다고 생각됩니다.

다소 지루한 느낌이 들 수는 있으나 독자 여러분들의 내면의 지성에 호소하는 말씀이 되다보니 이심전심으로 깨닫는 바가 있으리라 믿습니다.

『천수경』번역서는 세상에 많이 나와 있습니다. 이 책은 천수경 원전에 관한 내용만 적고 있습니다. 특히 우리 절에서 빼놓을 수 없는 절 삼배에 대한 내용과, 그 내용을 도설한 원이삼점에 대하여 깊이 다루었습니다. 심히 난해한 해설이나, 불자라면 꼭 알고는 있어야 한다고 생각됩니다.

  끝으로 이번 이 천수경 광해가 책으로 나오게 되는 과정에서 많은 분들의 은혜를 입었습니다. 갚을 수 있는 일 같으면 좋으나, 갚아질 성질이 아닌 많은 분들의 불심이 계셨습니다.

  본시 그 큰 은혜는 알 수도 없고 갚을 길 없으므로, 제불의 은혜 속에 고이 모셔 놓겠습니다. 이 책을 직접 만들어 주신 출판 관계자 여러분들의 고마움을 가슴에 새기며, 필자의 주변에서 온갖 속 다 태우며 조건 없이 희생하시는 분들께는 이 글로 보답코자 합니다.

불기 2543년 6월
금정산성 화엄골
설원에서
천명일 합장

차　례

서 문 · 5
불교의 근본은 각 · 11
천수경 광해 · 16
천수경이란? · 17
천수경의 유래 · 18
천수경문 해석 · 24
이자삼점과 원이삼점 · 36
진언, 주문, 신주의 같은 점과 다른 점은 무엇인가 · 53
삼밀가지 · 62
정구업진언 · 65
오방내외안위제신진언 · 69
개경게(경전을 펼치는 게송) · 81
개경게는 부처님의 일대사를 밝히는 시 · 83

개법장진언(여래장 안으로 들어가는 진언) · 96
천수천안 관자재보살 광대원만 무애대비심 대다라니 · 100
수능엄경 제6권 관세음보살의 이근원통 · 106
대세지보살의 염불삼매 · 124
천수경千手經의 원문해설 · 141
신묘장구대다라니 · 167
다라니의 참모습과 대중의 옹호 · 169
다라니 외우는 공덕 · 178
병을 다스리는 장 · 190
마흔두가지 손모양을 지으며 외우는 진언 · 199
유통분 · 210
부록 · 원문 천수경 · 213
부록 · 우리말 독송천수경 · 233

불교의 근본은 각覺

　단, 며칠이라도 오계五戒를 철저히 지키고 한적한 공간에서 자신의 콧구멍에 드나드는 들숨 날숨을 촘촘히 의식해 본 뜻있는 분들과 돈독한 신심으로 염불 기도라도 좀 해보신 분들에게 깨달음의 교, 불교얘길 좀 하고 싶다.
　자신의 마음을 보는 참선과 몸과 마음을 깨끗이 정화하는 염불 기도에서 일어나는 신선한 맑은 의식을 홀깃이라도 경험해 보신 분이 아니면 불교의 근본 깨달음에 관한 얘기는 도저히 서로 나눌 수 없다.
　대면공화 하되 심격천산對面共話 心膈千山이라.
　서로 마주보고 얘길 하되 마음이 막힌 것이 천산과 같다.
　말은 주고받되 뜻이 통하지 않음이 흡사 천산이 앞을 막은 것과 같다는 공자님의 말씀이 새로워진다.
　불교의 근본 뿌리는 깨달음이다. 깨달음을 한자로는 각覺이라 쓴다.
　이것은 일반상식으로 생각하기 쉬운 정신작용의 감성이

아니다. 우리가 무엇을 알고 모르고 하는 감성작용은
부처님께서 말씀하시는 각覺이 아니다. 우리가 평소에 흔히
경험하는 까맣게 몰랐던 사실을 뜻밖에 알게 되는 지각知覺과,
몸으로 느끼는 감각이나 육감으로 의식하는 영감 같은 것을
각覺이라 하지도 않으며, 그렇다고 의식의 반대인 무의식한
무감각을 각覺이라 하지도 않는다.

  바로 이 양면성을 전체로 깨닫는 전지전능한 묘한 각성覺性을
각覺이라 말한다. 누구에게나 자기자신을 전체로 묘하게 깨닫고
아는 묘각성妙覺性이 있다. 분명히 이 각覺으로 모든 것을
깨닫고 있으면서도, 우리는 그것을 전혀 의식하지 못한다
이것을 깨닫지 못하는 데는 두 가지 근본이 있다고 부처님이
능엄경에서 밝히셨다.

  그 애매모호한 하나는 시도 때도 없이 일어났다가 사라져
버리는 하늘의 구름 같은 마음을 자성이라 고집하는
망집妄執이고, 또 하나는 본래로 청정한 두루 깨닫는
원각圓覺이니, 묘명한 이것이 오히려 허물이 되어 본디 밝음이
상실된 까닭이란다.

  비유하면 맑은 물이 아니었던들 흙탕물이 어찌 생길 것이며,
밝은 햇빛이 아니었던들 실속 없는 삼라만상이 무슨 슬기로 제
모습을 드러내 보이겠는가!

  정말로 우리들 자성이란 마음은 만생萬生의 요물이다. 묘각성
없이는 잠시도 마음이 머물 수 없고, 있고 없고 있지도 없지도

않는 이 모든 것이 촌각도 존재할 수 없건만, 이것을 조금도 자각치 못하고 허둥대는 내 자신이 참으로 기구한 운명의 애고중생哀苦衆生이다.

부처님께서 가르치시는 깨달음의 각覺은 '알고 모르고'의 문제가 아니다. 그런 영감으로 '느낄 수 있고 없는' 자각현상 또한 각覺이 아니다. 마음의 속성인 의식과 무의식을 초월한 초의식超意識을 편의상 각覺이라 말씀하셨다.

마음으로 느끼는 정신영감精神靈感을 온통 비추며 저 쪽 건너편에서 초롱초롱하게 깨어있는 지묘한 느낌을 각覺이라 하고, 혹은 이것을 깨달음이라 말하고 있다. 더 정확히 말하면 '알고 모르고'를 동시에 투시하는 관찰자를 말한다. 전체로 보살피는 관찰자 각覺은 그것이 물질이든 영혼이든 모든 것을 찰나에 두루 다 드러내 보인다.

이와 같이 모든 만상과 영감을 온통 투시해 드러내 보이는 이것을 흔히 견성見性이라고 말하며 이같이 묘한 각성覺性을 원각圓覺이라고도 말한다. 왜냐하면 각성覺性은 원형질적으로 시방 허공계를 두루 감싸안고 있으므로 원각圓覺이라 말하며, 원형질적인 원각성圓覺性은 마음의 속성인 의식과 무의식, 그리고 의식도 무의식도 아닌 것을 온통 전체로 드러내 보이며 저 무변허공과 세계와 중생의 영혼세계까지도 흡사 거울에 비친 물상처럼 명료히 드러내 보인다.

그래서, 원각을 일명 대원경지大圓鏡地라고도 말한다. 둥근

거울과 같은 경지란 뜻이다. 이 각覺을 부처님은 언설문자와
마음으로 사유해 알 바 아니므로 간명하게 묘각妙覺이라
말씀하셨다. 이렇게 미묘한 원각성은 중생계의 영혼과
시방허공을 송두리째 드러내 보이고 있으므로, 좀 더 구체적인
표현으로는 그 원각성 안에서 중생계의 영혼과 시방허공이
들락날락한다고 해서 각覺을 여래장如來藏이라 쓰고 있다.

  시방법계를 두루 머금고 있는 여래장에서 본다면 모양 없는
마음과 저 끝없는 허공까지도 흡사 대양大洋 가운데 물거품
같으므로 또한 각覺을 바다에 비유하여 이름하기를
각해覺海라고도 말한다. 바로 이 각覺을 등에 업고 살아가면서도
우리는 그 각성覺性을 전혀 깨닫지 못하고 암울하게 살아간다.
참으로 애달픈 일이다. 마음 건너에 있는 이 각성을 돌이켜 볼
줄도 모르는 우리들에게 이 각성을 자각하라고 귀띔해 주신
시각始覺의 스승이 계셨으니, 그 분이 다름 아닌 석존이시다.
우리는 석존의 이 가르침을 불교라 한다.

  세존께서는 누구나 다 본래로 갖고 있는 이렇게 미묘하게
밝은 본각묘명本覺妙明을 깨우쳐 주시는 과정에서 온갖 방편을
펴셨다. 그 많은 방편들이 후세로 오면서 크게 셋으로 모양을
갖추게 되었다.

  첫째는 마음을 돌이켜 보는 관법으로 백천삼매를 닦는
대승도요.

  두 번째는 종교의 길로 절에서 경전보며 수행하는 출가

구도의 길이고,

　세 번째는 말세 중생을 위한 염불문으로서 부처님께서 친히 설하신 경전들을 수지 독송하는 염불삼매의 밀교문이다.

　중생들이 부처님의 말씀을 그대로 읽고 외우기만 해도 누구나 본묘각을 덮고 있는 억겁생사의 망령을 떨쳐버리고 청정법신淸淨法身으로 돌아갈 수 있다는 가르침의 경이 천수경이다.

천수경 광해千手經 廣解

천수경을 넓은 의미로 해석함

천수경 광의 게송千手經 廣義 偈誦

시방의	불교문	천수불자님
설당이	설하올	천수경문은
불자들	필독경	신행본이죠
입으로	외워서	마음맑히고
뜻으로	새겨서	자성밝히어
신묘한	다라니	관음하면은
빛나는	여래장	불국토일세

천수경千手經이란?

　천광왕정주여래千光王定住如來께서 금빛나는 손으로 관세음보살觀世音菩薩의 머리에 손을 얹고 외우신 「신묘장구대다라니경」이란 뜻에서 『천수경』이라 했다.
　천광왕정주여래의 첫자인 일천 '천「千」'자字를 따고, 금빛 손의 손 '수「手」'자字와 여래가 외우신 『무애대비심대다라니경』에서 글 '경「經」' 자字를 따서 『천수경』이라 이름한 것이다.

천수경千手經의 유래由來

　천수경은 부처님이 세상에 계실 때에 관자재보살 광대원만 무애 대비심 대다라니경觀自在菩薩 廣大圓滿 無碍 大悲心 大多羅尼經이란 이름으로 설하신 경을 모체로 하여 후세의 선각자들이 일반 신자들을 위하여 신행본으로 재 편찬한 경문이다.
　이 경도 다른 대승경전과 마찬가지로 설하신 그 장소의 연기설이 일반인들의 상식으로는 황당하여 도저히 믿기가 어렵다.
　그것은 석존釋尊께서 제불보살님들이 얻은 깨달음의 눈, 즉 불안佛眼으로만 볼 수 있는 초의식의 세계에서 설하신 경이기 때문이다. 대각을 성취하신 분의 육신은 어디에 계시든, 높은 깨달음의 영적세계 즉 법계法界라고 말하는 불국토에서 설하여졌기 때문에 우리가 사는 사바세계에서는 아무리 그 위치를 찾아보아도 그러한 장소는 없다.
　불안이나 법안으로만 볼 수 있는 묘각세계이므로, 우리들에게

이 세계를 말한다는 것은 흡사 맹인에게 태양의 모양과 빛이 어떻다고 얘기를 하는 것과 같다.

그러므로 불지견이 없는 우리들로서는 모든 대승 경전을 보자면 조건 없는 굳건한 믿음이 우선해야 한다. 그렇지 않고는 불문에 입문하기란 쉽지 않다.

어떤 학자들은 이 불경이 설해진 곳을 지구상에 있는 남인도양 어디라고 주장한다.

보타낙가산은 남인도 바닷가에 실제로 있으며, 그곳은 인간이 접근할 수 없는 성역이라고 말한다. 바로 그 산 동굴 속에는 지금도 '관음보살'이 항상 머무르고 계시며, 이곳에서 천수경이 설해졌다고 말하는 분도 있다.

그러나 모든 대승경전에서 보는 바와 같이, 대승경전이 설해지는 장소는 지구상이 아닌 법계라고 하는 깨달음의 세계이며, 빛으로 이루어진 찬란한 세계라 해서 화장세계華莊世界라 한다.

부처님의 국토佛國는 세 종류가 있다.

무여열반의 상적광토常寂光土와 공덕장엄의 실보장엄토實報莊嚴土가 있으며 범부와 성인이 함께 거주하는 범성동거토凡聖同居土가 그것이다.

그러므로 불국토는 부처님의 몸에서 나오는 광명 속에서만 나타난다. 화장세계라 말하는 불국토는 다 부처님들의 삼매의 빛으로 우리들에게 잠깐 비춰 보이신 것이다. 비유하면 오늘날 영상 매체를 통해 어떤 사실을 보는 것과 같다고 생각하면 되겠다.

그러므로 불국토를 지상 세계에서 찾는다는 것은 언감생심이다.

공연히 지상의 어떤 특정지역으로 고증하려들면 흡사 자기가 꾼 꿈의 세계를 세상 사람들에게 보여 주려고 애쓰는 꼴과 같아진다. 세상 물증으론 전혀 밝힐 수 없다. 모든 대승경전에서 밝히고 있는 법회장소와 도량의 휘황찬란한 장관은 다 대각을 이루신 분들이 초의식으로 장엄하신 불국토이다. 그래서 불국토에 장엄된 신비물들은 이 세상의 물질처럼 잠깐 존재하다가 조만간에 사라지는 사대원소의 결합체가 아니다. 물질이 아닌 묘명성의 결정체이므로 불국토의 보물은 모두 영구불멸성을 가진다.

이러한 사실로 미루어 보아도 탐욕의 중생세계와 깨달은 각자의 정토세계는 캄캄한 밤과 대명한 낮의 비유와 같은 것이다.

이같이 현격한 세계상 차이로 말미암아 불교는 중생들로 하여금 숱한 오해와 불신을 받고 있다. 다수의 불교 신자들도 경문의 내용을 사실이 아닌 은유와 비유의 방편설로 속단해 버리기도 한다.

왜냐하면 우리들의 소견으로는 절대로 현실이라 할 수 없기 때문이다.

그래서 모든 불경의 내용을 이해하려면 먼저 부처님의 가피력을 받아야 한다. 부처님의 위신력으로 부처님의 세계를 잠깐이라도 유람을 하고 보면 이쪽 세상과 저쪽 불국이 어떻게 다른가를 알 수 있다. 중생의 세계와 깨달음의 세계가 확실히 다름을 분명히 보았을 때 바른 믿음이 생긴다.

바른 신념을 얻기 위하여 우린 기도를 해야 한다. 기도를 하면 십중팔구는 부처님으로부터 영험을 받게 된다. 비록 깨달음으로 보지는 못했다 하더라도 꿈속에서라도 흘깃 부처님을 보고 나면 저절로 법안法眼이 열려 불경을 볼 수 있게 된다.

법안으로 보면 몸도 마음도 우주도 깨달음의 법계까지도 환히 드러나 보인다. 뿐만 아니라 기계처럼 조직화 되어 있는 세상의 인연법과 인연이 다 끊어진 출세간의 해탈법과 세간법과 출세간법을 초월한 최상승의 불지견도 조금은 알게 된다. 그러므로 소승과인 성문·나한·벽지불과의 경계를 마치 거울에 비친 사물같이 보는데 이렇게 지묘한 각관의 눈을 법안이라 말한다.

법안은 부처님의 불안에는 미칠 수 없으나 법안을 조금이라도 경험해야만 부처님 말씀의 뜻을 우리들의 시각에 맞추어 해설할 수 있다.

혜각의 법안은 우리들의 몸과 맘과 뜻이 말끔히 정화된 후에 보살의 공덕이 있어야만 뜨이는 눈이며,

청정법신淸淨法身을 얻은 대보살들의 눈이다. 다시 말하면 높은 깨달음으로 들어간 등각 보살들의 눈이다.

　세상에서는 법안을 막연히 진리를 보는 눈이라 정의한다. 그러나 그게 아니다. 저 깨달음의 눈 법안은 우리들이 평소에 분별하는 생·멸·심이 없어지고, 없어진 그 무심 지경까지도 깨끗이 사라진 불심에서 육바라밀의 공덕이 쌓여서 뜨이는 눈이다. 이렇게 높은 차원의 법안은 무생법인無生法忍에 들어간 보살들만이 가진 눈이다. 그러므로 모든 대승경전에서 소개하고 있는 불국세계들은 법안에서만 보인다는 사실을 이해하지 못하면 불경은 일종의 신화에 지나지 않는다.

　지금 이 『천수경』도 이 세상에서 설하신 것이 아니다. 일반 소승의 깨달음까지도 벗어 던진 대 해탈경계에 들어간 관음보살의 신통 대광명장 삼매경에서 드러나 보이는 세계에서 설해졌다.

　불국 장엄세계 안에는 보타낙가산이 있고 장엄도량이 있었다. 장엄도량 안에 관세음궁전觀世音宮殿이 있고, 그 궁전안에 배설된 보배 사자좌獅子座에 세존께서 앉아 계셨다. 그 때에 관세음보살이 부처님께 올리신 말씀을 세존이 전적으로 받아 들여 일체 중생이 수지독송할 것을 간곡히 당부한 말씀을 아난이 후세에 전했다.

　그리하여 『천수천안 관자재보살 광대원만 무애대비심대다라니경千手千眼 觀自在菩薩 廣大圓滿

無碍大悲心大多羅尼經』이란 긴 이름의 천수경이 탄생하게 된 것이다. 이 경을 토대로 하여 역대 선지식들께서 일반 초발심자들을 위하여 천수경 다라니품에다 발원문과 참회문發願文 懺悔文등을 첨부하여 지금 우리가 보는 불자독송집을 편찬한 것이다.

천수경문 해석

『천수경』의 전체적인 내용은 관음보살께서 천광왕정주여래로부터 받은 불가사의한 다라니의 위신공덕력威神功德力을 석존 앞에서 밝히시자 세존 역시 말세 중생들에게 다라니 독송을 간곡히 권유한 말씀이있다.

세존께서 직접 다라니의 공덕과 아울러 관음보살의 위신공덕력을 일체 중생들이 모두 빌려쓸 수 있도록 구체적인 방법까지 설명하셨다.

중생들이 흔히 앓고 있는 불치의 병까지도 치료하는 상세한 기록이 있으며, 관세음보살이 베풀 수 있는 42수주 진언의 신비력까지도 직접 밝히셨다.

세존께서 중생들의 온갖 난치병과 그들이 소원하는 바를 마음대로 성취시켜 주시기 위하여 관음보살의 마흔 두 가지 신비로운 손을 보이고 중생소망에 합당한 진언을 독송케 함으로써 극중한 인간의 고뇌와 무량한 소망을 입으로 다라니를 외워서 성취할 수 있는 길을 밝히신 자비를 생각하면 눈물이

난다.

  이 천수경의 핵심은 일체중생들이 누구나 부처님의 가피력을 받아 필경 성불할 수 있다는 확신을 심어주고, 입 하나로 아무런 어려움 없이 염불삼매念佛三昧로 들어가 성불하는 길을 보이신 경이다. 불교 입문자들의 교본이 되고 있는 이 경을 제대로 이해하자면 다섯 가지의 눈이 꼭 있어야 한다. 비록 이러한 눈을 얻어 갖지는 못한다 하더라도 알고는 있어야 한다. 그래서 우리는 약간의 이해와 최소한의 믿음의 용기가 필요하다. 이것 외에는 아무 것도 필요치 않는 경전이 천수경이다.

  그 다섯 가지 눈이란

  첫째는 불안佛眼이다. 성불하신 부처님의 눈이다. 대경전의 세계를 보자면 불안으로 보아야 한다.
  둘째는 법안法眼이다. 깨달음의 경계와 일반 불경을 보는 눈이다.
  셋째는 혜안慧眼이다. 해탈경계와 진리를 보는 눈이다.
  넷째는 천안天眼이다. 중생의 영혼과 삼세三世(과거·현재·미래)를 보자면 천안이 있어야 한다.
  다섯째는 육안肉眼이다. 중생계의 심리와 철리는 육안으로 보면 된다.

이 다섯 종류의 눈
육안肉眼·천안天眼·혜안慧眼·법안法眼·불안佛眼으로
팔만대장경을 본다면 그 뜻의 실상이 환히 보일 것이다.
　그러면 여기서 모든 경을 볼 수 있도록 하는 다섯 가지의
눈을 우리들 보통 알음알이의 생각으로 더듬어 보기로 하자.
　육안은 누구나 다 가지고 있는 눈이다. 그러나 천안天眼은
우주 자체와 같은 눈이며, 일체를 원형질적으로 보는 눈이다.
다시 말하면 하늘 밖에서 허공계를 보는 눈을 말한다.
　혜안慧眼은 각성의 눈이다. 묘각성을 지닌 눈이므로
공여래장의 차원까지 꿰뚫어 보는 눈이다.
　법안法眼은 형이하학形而下學인 세간법世間法과
형이상학形而上學인 출세간법出世間法 그리고 세간법과
출세간법을 초월한 눈으로서 그 삼차원의 세계를 마음대로 보는
눈이다.
　법안은 깨달음까지도 초월한 대원경지大圓鏡地에서 보는
눈이다.
　불안佛眼은 부처님들만이 가지고 계시는 눈이다. 불안은 오직
성불하신 부처님네의 불지견佛智見이므로 설령 대보살이 가진
법안이라 하더라도 불지견으로 보는 경계를 볼 수 없다고 한다.
　모든 경전에서 읽어 볼 수 있는 바와 같이 부처님의
불안佛眼은 시방제불 국토를 마음대로 드러내 보이시고,
불자들로 하여금 언제쯤 성불한다는 수기受記를 줄 수 있는

눈이다.

　불경을 보는데는 이와 같이 다섯 개의 눈으로 보아야함을 꼭 알아야 하는데, 이러한 상식을 잘 모르면 부처님의 높고 깊은 말씀을 우리들 소견으로 판단하게 되고 모든 경전의 말씀을 중생시각에 맞추어 해석하는 나쁜 습관이 붙게 된다.

　다음으로, 불경을 번역하거나 해설하는 데에는 네 가지 원칙이 있다.

　첫째는 지식으로 경전을 번역하는 세간논술법世間論述法,

　둘째는 지혜로 경전에 있는 본문 내용의 실상을 훤히 투시해 보고 설명하는 출세간의역법出世間意譯法,

　셋째는 대승경전에 있어서 대 해탈경계의 차원으로 해설하는 최상승론법最上乘論法,

　넷째는 금역법禁譯法이다.

　금역법은 진언眞言·주문呪文·신주神呪와 같은 부처님의 밀어密語와 부처님의 결인結印과 같은 신어身語, 그리고 부처님이 침묵하고 가만히 계실 때에 삼매 중에 일어나는 신통한 여러 가지 기적 같은 것은 불가사의라 그 누구도 해설치 못한다.

　그러므로 부처님의 삼밀三密의 경우는 불경 금역법禁譯法의 영역이다.

　밀어라고 하는 신주神呪, 진언眞言, 주문呪文을 번역할 수가 없는데는 두 가지 큰 이유가 있는데 하나는 불가사의한 부처님의 진여식이기 때문이고, 둘째는 진언이나 신주 등은 중생들의 근기와 염원에 따라 천차만별로 다양하게 나타나기 때문이다.

부처님의 어밀과 신밀, 의밀은 중생들의 근기에 따라 그대로 되어지는 신비한 어떤 진실이므로 꼭 무엇이라고 정의할 수가 없다.

그러므로 이 『천수경 광해千手經 廣解』는 이 네 가지 경문해석법經文解釋法을 그대로 준수할 것이다.

주로 원문의 내용을 일단 두 가지 차원으로 해설하고 결정적인 뜻은 최상승법으로 풀이를 할 것이다. 세간법과 출세간법을 초월한 세 번째 최상승의 불가사의 이론을 펴지 않으면 천수경을 이해하기란 참으로 어렵다.

최상승 논리로만이 불법의 궁극적 불가사의가 무엇인가를 알릴 수 있기 때문이다. 어떻게 해서라도 구경의 각覺과 위신 공덕성을 자상하게 이해시킴으로해서 바른 믿음의 공덕이 생기고 아울러 긴 잠에서 깨어난 것 같은 일반 깨달음을 부처님의 성불로 보는 엄청난 착각을 벗겨줄 수 있다. 무엇보다 소승경계인 이승과 유위열반(한정이있는 열반)을 구경으로 아는 잘못된 인식에서 벗어나 대승경전에서 주창하는 바와 같이 백천삼매의 관법을 두루 닦아 청정법신 세계로 들어가야 함을 알게 된다.

몸과 뜻과 맘을 관조하는 삼매를 닦음으로 해서 무진 난행, 고행의 육바라밀의 보살도가 자연스러운 삶이 되는 가운데에서 그 어느 날 세간법과 출세간법을 훌쩍 뛰어 넘어 대각으로 들어가게 된다.

대각이 무엇인가를 앎으로서 원통圓通을 성취한 관음보살의 최상승경계를 이해하게 되고 반석과 같은 굳건한 해각의 바른지견으로 천수경을 수지 독송하면 자연히 관음보살의 불가사의한 위신력을 그대로 받아 가지게 된다.

필자의 이같은 논법은 세상 어떤 학설에서도 읽어보지 못했을 것이므로 이 책을 처음 접하는 독자들은 황당한 생각이 앞설 것이다. 하지만 불법의 상투어인 심심미묘법의 의미를 생각해 본다면 이와 같은 시각의 지견은 삼세제불이 머물고 계시는 최상승의 길을 귀띔해 주는 새로운 정보가 될 것이다.

이러한 취지에서 서툴게나마 불가사의 경계를 어림하는 사색의 요령과 사유방법론을 펴 볼 것이다. 그렇게 함으로써 불교를 올바르게 알게 될 것이고, 옳게 앎으로 해서 세속의 일반 깨달음을 초월하는 대각의 길을 확실히 알게 될 것이다. 다시 한번 되풀이하지만 지고한 대각의 불가사의 경계에서 설해진 진언이나 신주는 그대로 옮겨 놓을 뿐 절대로 해설은 하지 않을 것이다. 필자의 이같은 확고한 신념은 스스로 체험한 많은 영험으로 미루어 보았을 때 진언이나 신주가 단편적으로 해석될 성질이 아니라고 믿기 때문이다.

신주 하나면 모두 다 그대로 성취되어지는 신비로운 진언은
어떠한 의미나 개념의 틀 속에 묶어 둘 수 없는 만다라이므로
다라니와 진언이 한마디로 어떤 것이라고 정의할 수 없다.
 필자의 경험을 예로 들어보겠다.
 어려서부터 경상도에서 잘쓰는 말로 지랄열병인 신경성
고열병을 자주 앓았다. 증상으로는 신경을 조금만 써도 며칠씩
고열에 시달리곤 했다. 현대 의학으로는 병명도 신통한 게
없었고, 고칠 수도 없었다. 먼 후일 고전침구학을 공부하다
알게된 사실이지만, 대장증大腸症이란 병으로 그 증상이
이상했었다. 고금을 통하여 머리가 좀 별난 분들이 많이
앓았다는 기록이 있다.
 이렇게 이상한 병세가 한창 기승을 부리던 열 아홉살 때였다.
 아버님께서는 명태같이 말라 비틀어진 자식을 고물 자전거에
태워 가지고, 누가 오라고 한 듯 상주 남장사南長寺에 가셨다.
상주 남장사는 신라 고찰로 필자가 불연佛緣을 깊이 맺게 된
절이며 동시에 부처님의 세계로 몰입하게 된 은혜로운
명찰이다.
 남장사에 머물면서 이월현스님께서 일러주신 대로 『천수경』에
있는 진언과 다라니를 열심히 외웠다. 그렇게 한지 일주일만에
참으로 믿기 어려운 신기한 일들이 안팎으로 일어났다.
안으로는 꿈도 현실도 아닌 영계에서 부처님께서 머리를 만져
주심이요, 밖으로는 만병이 거짓말같이 없어지는 신변의 기적과

주변에 나타나는 이상한 이적異蹟들이었다.

이주일 째는 극락전 아미타여래를 뵈었고,

삼주일 째는 법계라고 하는 대 우주적 차원에서 법신, 보신, 화신불이 혼연일치가 되는 시시비비의 지극 지묘의 신비지경을 본 일이다.

이러한 예로 미루어 본다면 본인의 경우는 다라니와 진언과 주문이 몸으로는 만병통치의 약이 되었고, 영혼으로는 대각의 세계를 바늘구멍만큼 본 일이었다.

이와 같이 다라니를 통하여 상상을 불허하는 불법佛法의 묘리를 보고는 의문 없는 앎이 일어났으며 현실로는 풍요로운 삶을 얻었으니, 이와 같이 되어지는 신주와 진언을 무슨 뜻이라 몇 마디의 말로 단정하여 정의定義할 수 있겠는가!

천만 다행으로 남장사에서 삼칠일만에 부처님의 영험을 조금 보았기에 현실로부터 도피하고 싶은 염세증 병도 나았고, 믿기 어려울 정도로 세상의 부질없는 좋고 나쁜 상대론에서 시달리던 마음의 병이 무관심 밖으로 물러갈 수 있었다.

갖가지 요상한 고뇌가 물러간 텅 빈 심경에서 열심히 외우는 자신의 다라니소리가 천상의 음악소리로 들렸다. 이렇게 자신의 염불소리를 관청하는 즐거움에 심취하여 신묘장구대다라니를 수년간 외웠다. 그 후로는 특별히 불경을 공부한 일이 없는데도 불경에 있는 어려운 한문 말씀의 뜻을 거침없이 해설하게 되었다.

한문 공부래야 다섯 살 때 아버지로부터 새벽 졸음 때문에
매를 얻어 맞아가며 천자문을 조금 익힌 것과 여섯 살때
서당에서 일년간 배운 한문공부가 전부인데도 무슨 문장이든 그
뜻을 알려고 마음만 먹으면 세상 상식으로부터 저 높은
초차원까지도 사고무진으로 사념의 바다를 헤엄치고 다닌다.
일반 상식으로 보면 도저히 스스로도 자신을 믿을수가 없다.
어려서 천자문 몇 자 외운 것 가지고서 어떻게 최상 최난의
불경을 알 수 있단 말인가. 하지만 다라니를 염송한 후로는
무슨 경문이든 보면 글자를 안다기보다도, 문자 너머 저쪽에서
번쩍이는 부처님의 지견智見을 어렴풋이나마 이해하게 되었다.
　이러한 사실로 미루어 본다면 다라니와 진언은 중생의 근기에
따라 어떻게 되어지는 이름 그대로의 만다라이지 결코 별도의
무슨 뜻이 따로 결정 지워져 있지 않더란 말씀이다.
　그러므로 뜻으로 알 수 있는 것이 아닌 진언을 억지로 낱말
뜻풀이 하듯 해석을 하거나, 백과사전 적인 뜻풀이로 그 의미를
정의하는 것은 잘못된 견해라고 본다. 왜냐하면 만약 진언을
외국어를 번역하듯 우리말 의미로 해설을 하게되면, 마치 밝은
태양에 검은 구름이 덮이듯 오히려 온갖 것을 밝혀주는
대광명의 명주明呪가 중생분별 망심의 구름에 가리어 본래의
빛을 상실하게 된다. 그렇게되면 다라니가 지닌 무의식 발명의
위신 공덕력을 얻어 가지는데 막대한 지장을 초래하게 된다.
　여래장 가운데 묘각의 진식인 진언에 중생심으로 의미부여를

함부로 하게 되면 제불의 불가사의한 삼밀가지력三密加持力이 분별망심의 구름에 막힐 수 있다는 말이다.

그러므로 불문으로 들어가는 수행자의 필수요건은 무심無心이다. 무심이란 주관도 객관도 무관심도 갖지 않는 편견 없는 항상한 마음을 말한다. 그냥 있는 그대로 주시하는 평상심 말이다.

일체 모든 신주와 진언은 해탈解脫을 구하면 해탈이 되고, 삼매三昧를 구하면 삼매가 되며, 열반涅槃을 구하면 열반 그 자체가 된다.

그렇기에 신주와 진언은 일반 글자와는 성격이 다르다. 한 단어 한 글자에 시방제불이 가득 계시므로 진언 그대로가 온갖 것을 다 지닌 만다라曼陀羅인 것이다. 불서에 많이 그려진 만다라의 그림을 보면 진언의 의미를 알 수 있을 것이다.

신주와 진언이 가지고 있는 낱말의 뜻을 추구하지 말고, 낱말의 뜻이야 어떻든 오로지 지극한 마음으로 열심히 외우기만 하면 저절로 나의 모든 것이 부처님과 같이 되어진다. 다시 말하면 내가 만다라적이 된다. 다라니는 불보살이 수억 만생 동안 중생구제의 크나큰 발원으로 수행하여 성취한 부처님의 모든 것이다. 우리는 다라니만을 수지독송 해도 부처님과 똑같이 되어지는 그 힘은 바로 소박한 우리들의 신심信心에 있는 것이다.

다라니의 위신력은 과학적인 이해나 해박한 문리에 있지

않다. 비유하자면 사과는 사과이지 사과란 이름의 대명사가 사과가 될 수 없는 이치와 꼭 같다.

물론 신주나 진언이 아닌 이해전달이 목적인 문장으로 되어있는 여타 경전이야 마땅히 번역도 하고 해설도 해서 읽는 이의 이해를 충분히 도와야 하지만, 신주와 진언만은 예외라는 말이다.

현재 나와 있는 다수의 『천수경千手經』 해설서를 보면 진언이나 신주를 고대 인도의 글인 범어梵語의 뜻을 빌려 우리말 의미로 해석해 놓은 것을 볼 수 있는데, 이것은 깊이 생각해 볼 문제이다. 사실 진언과 주문과 신주는 삼세 제불이 아니면 그 누구도 지어 낼 수 없고 알 수도 없다. 문수文殊, 보현普賢같은 대보살 마하살들도 스스로는 주문을 창작하지 못하는 큰 이유가 여기에 있는 것이다.

따라서 진언을 해설하지 않은 것은 밀교의 불문율이며 신성불가침의 영역이기 때문이다. 혹 경전에 보면 대보살 마하살들이 직접 진언을 창작하여 외운 것처럼 보인 것도 있으나, 그것은 이미 과거 부처님이 설해 놓으신 것을 보살들이 중생들의 근기에 맞추어 부처님대신 외우신 것 뿐이다.

본래 진언은 부처님의 불가사의 진여식眞如識의 묘음을 후세 사람들에게 그 원음 그대로를 전하기 위하여 다양한 음율과 음색을 가진 범어의 소리글자를 빌어 음역해 놓은 것 뿐이다. 그러므로 진언의 뜻을 굳이 유추해 볼 필요는 없다.

설령 산스크리트어에 달통했다 하더라도 해설상의 문제가 아니고 우리의 영혼이 신주 안에 머물고 계시는 부처님을 친견해야할 영험의 문제이다. 그래서 신주神呪라고도 하고 진언眞言 혹은 주문呪文이라 이름하였다.

시방세계의 모든 언어와 문자와 주문과 진언과 경문은 제불의 창작이란 사실을 열반경涅槃經에서 부처님께서 밝히셨다. 언어와 문자와 모든 경론은 모두 불심을 전달하는 도구이지만 진언과 주문과 신주는 부처님의 몸과 뜻과 말씀이 그대로 입력된 신비문이다.

모든 주문은 수지 독송함에 그 뜻이 있으므로, 지극정성으로 외우는 독송자는 생각하고 느끼는 사념이 단번에 불성佛性으로 변형 되어진다. 자기 마음을 불심으로 화생시키는 정신연금의 제조창과 같은 것이 신주이다.

우리의 마음들이 불성으로 새롭게 태어날 때, 불지견이 열려서 진언을 뜻풀이 하는 우愚를 영원히 범하지 않을 것이다. 그러므로 옛날 우리 할머니들이 아무 뜻도 의미도 모르면서 무턱대고 진언을 열심히 외우기만 했는데도 신주의 위신공덕을 입지 않았던가.

무지한 할머니들의 순박한 불심 앞에 숱하게 일어났던 신통한 기적들과 살던 헌 집을 버리고 새 집으로 이사가듯 초연히 좌탈 열반까지 하신 영험록을 듣고 보면 할머니들의 머리 위에 여래 밀인의 신주가 있었음을 알리라.

이자삼점伊字三點과 원이삼점圓伊三点

삼배三拜 삼잡三匝 삼청三聽 삼송三誦

왜 세 번 절하고 세 번 돌며 세 번 청하고 모든 주문은 세 번 외우는가?

그것은 만법의 신비가 있는 곳이 이쪽과 저쪽 그리고 그 중간을 초월해서 두루해 있는데 우리들 마음이 있는 곳으로 말하면 육체, 환경, 그 중간 어디라 할 곳 없이 두루해 있고 우주적 진리차원에서도 하늘과 땅과 그 사이, 즉 삼처三處 모두에 온갖 신비와 신성이 충만되어 있기 때문이다.

이것이 도가道家에서 말하는 진정한 진리관인 중도中道이다.

옛날, 육신肉身 보살로 이 세상에 오셨던 용수龍樹, 마명馬鳴, 무착無着같으신 대 선지식들은 옳고 그른 세간법의 모순을 바로잡기 위하여 중도中道의 실상을 밝히셨다.

그 중도의 이론을 보면, 이쪽과 저쪽, 그 양면성을 긍정도 부정도 아니한 절대 중립성을 중도라 결론 지었다.

대체로 이 세상 지성인들의 진리관은 인연합리因緣合離로
생멸하는 자연의 섭리를 중도로 본다. 그러한 상식은 세상의
물리학이지 도가道家에서 말하는 중도는 아니다. 진정한 중도를
알자면 허공계에 충만된 진리의 성품가운데서 일어났다 꺼지는
중도의 허구를 보아야 한다. 중도는 피라밋 같은 몸을 가지고
있다. 피라밋의 속성을 잘 알아야 중도를 알 수 있다.

중도의 속성을 알기 위해서는 세속적 진리나 사량 분별의
망심을 가지고, 이 쪽이다 저 쪽이다 그 중간이다 하고 그
주소를 따져서는 안 된다. 각성을 잉태한 진리는 삼처를 삼켰다
토했다 하기 때문이다.

부질없이 그 어느 곳이든 긍정하면 고집이 되고, 아니라 하면
허망이 되며, 이쪽 저쪽 그 중간을 긍정도 부정도 아니하면
세상 상식으로서 중도가 된다. 이렇게 얻어진 묵답을
세간법이라 말한다.

이와같은 세간법을, 긍정도 부정도 아니하면 인연법으로
생멸하는 세간법을 초월한다. 세간법을 초월하면 각성세계가
되며, 이 깨달음의 세계는 비합리의 출세간법이 된다.

깨달음의 출세간법보다 더 높은 최상승의 부처佛가 되자면
깨달음을 초월하는 대해탈의 불지견이 있어야 한다.

그러기 위해서 세간법, 출세간법 그 양자를 증발시키는
절대부정의 대 긍정사 시시비비是是非非를 깊이 이해하고 있어야
한다.

시시비비는 대 해탈로 들어가는 반야용선인데 전존재를
주시하는 각성을 말한다. 우리들 마음을 보는 반야용선을 타면
그 어느 날 구경열반의 항구에 도달하게 된다.

세간과 출세간, 그리고 그 중간을 엎치락뒤치락 송두리째 세
번씩 번복해서 아홉 번을 시시비비해 버리는 이 대도의 길은
이해하기도 매우 어렵다. 이것이 심심미묘법이라 말하는
불교교리의 구부경九部經 학설이다.

이것은 손뼉을 치면 그 소리가 나는 곳이 이쪽이냐 저쪽이냐
그 중간이냐? 하는 얘기요, 나무를 비벼서 불을 구할 때 두
개의 나무막대기 사이에서 분명히 불이 났지만, 그 불의 출처가
어디냐 하는 얘기다. 우리들 마음 역시 소리나 불과 같은
이치로서 인연 화합으로 존재하지만, 실로 소리와 불과 마음이
일어난 밑바탕은 여래장인데 그 여래장은 아홉 번 부정의 절대
긍정에 있다는 철리哲理를 상징한 표가 이자삼점伊字三點〔∴〕이다

열반경에서는 역삼각형 이〔∴〕 세 점을 이자삼점伊字三點이라
밝히고 있다

삼신불三身佛을 이자삼점에 대비시켜 설명해보면 다음과 같다.
청정법신 비로자나불淸淨法身 比盧遮那佛과 원만보신
노사나불圓滿報身 盧舍那佛, 천백억화신 석가모니불千百億化身
釋伽牟尼佛이 된다.

이것을 간단히 법신法身·보신報身·화신化身이라 부르는데,
삼신불의 명칭을 세 점 어디에나 대비시켜도 아무런 상관이

없다. 그것은 성불하신 부처님의 불가사의 경계를 후학들이 특성별로 사유해보는 방법론적 방편설이기 때문이다 실제로 삼신三身이 있는 것은 아니다.

　불법에 있어서의 삼위일체는 불佛·법法·승僧이며, 우주차원의 삼위일체는 천天·인人·지地라 하고, 심령학설의 삼위일체는 정精·기氣·신神이며, 시간차원에서는 과거·현재·미래요, 물질차원에서는 음성·중성·양성이 된다.

　부처님이 밝히신 대해탈의 열반상, 삼점이자의 본 뜻은 해탈·열반·반야가 서로 조화를 이루었을 때 무여열반이 된다는 말씀이다. 여기서 해탈·열반·반야는 수직관계도 수평관계도 아니며, 독립된 객체도 아닌 상호보완적인 삼각관계라는 사실을 심도 있게 밝히셨다.

　후대의 불교 논사들이 이자삼점 밖으로 원을 하나 더 그려서 원이삼점圓伊三點이라 말하여 왔는데 절에 가면 대웅전 건물 양쪽 측면의 인자형人字型 기와 지붕 밑에 합각合閣이라 불리우는 세모 모양의 안쪽 벽면에 흔히 그려져 있다.

　부처님 말씀인 이자삼점에 원을 씌운 원이삼점은 선종의 공안空案에서 나온 발상이라 본다. 적멸의 열반을 근본으로 하는 선가에서는 몸과 마음과 뜻을 가지고 성불로 가는 대해탈경계를 알 수가 없다. 그러므로 이자삼점에 원을 아니 씌운 제불보살들의 불지견을 어찌 알겠는가.

　변명을 하자면, 일단 인연 화합으로 생멸하는 세간법의 삼위

일체도 공으로 돌리고, 모든 연을 멸한 무연의 출세간법인 깨달음도 공으로 돌리고, 더 나아가 세간법과 출세간법을 초월하는 무여열반無餘涅槃의 대 해탈경계까지도 공으로 돌리는 삼공묘의三空妙義의 도리를 선승들이 삼정이자에 원을 씌운 도표로 나타내었다고 보면 된다.

그러나 그게 아니다. 불법은 절대 긍정의 부정 시시비비是是非非이어야 한다. 이것이 대승 불교의 기본이 되는 중도 사상이다.

소승과의 이론으로 본다면, 세상 만법은 인연 화합으로 조화를 이룬 허구이다. 그 허구인 허망한 환상으로부터 벗어나자면 삼위일체로 이루어진 존재의 인연고리를 해체시켜야 한다는 것이다. 그렇게 하기 위해서는 인연 화합으로 생긴 거짓假의 허상을 직관하는 세 가지 관법을 닦아야 한다.

그 세 가지 관법, 즉 삼관법三觀法을 삼매三昧라 한다. 삼매는 마음을 보는 눈을 말하며, 마음을 보는 것을 관觀이라 말해왔다.

마음을 보는 관법으로, 안과 밖을 아지랑이로 관하는 환관幻觀과 태어나면 반드시 멸하는 생자필멸의 상태를 관하는 멸관滅觀과 모든 것이 멸하고 나면 필경 공적한 상태를 관하는 적관寂觀을 잘 닦아야 한다는 것이다.

일체 만법은 이쪽도 저쪽도 그 중간도 아니고, 다만 상호보완적 절대 중도성中道性이다. 이 중도성을 관하면 일체 모든 인연의 고리에서 해방된다.

바로 그 삼면을 직관하는 자가 불성이다. 이렇게 각관하는 삼매수행이 아니고서는 빛으로 장엄된 청정 묘각의 부처님 나라로 들어갈 수 가 없다. 이것이 대승불교의 가르침이다. 대승불교의 교조인 용수나 마명의 말씀을 빌리면 중론삼제中論三際이다.

근세의 선지식으로 소문난 통도사 경봉선사께서 세상의 지식인이나 처음 배우는 학승들을 만나면 별나게 크신 손을 번쩍 들어 손뼉을 '탁' 치시고는, 이 도리를 아느냐고 물으셨다. 선사의 진의는 화두 공안을 주고자 함에 있을 수도 있으나, 대승교리의 중론 삼제를 귀띔 해 주시는 방편으로 봄이 옳다. 양 손뼉 소리의 도리를 점설한다면 이자삼점伊字三點이 된다.

일체 모든 소리의 출처를 따라 가보면, 그 소리의 유무는 이쪽, 저쪽, 그 중간 그 어디에도 없다. 왜냐하면, 그것은 소리의 성품은 본래부터 시방법계를 머금고 있기 때문이다. 다만 저들이 무엇을 어떻게 하느냐에 따라 온갖 소리가 일어나기도 하고 침묵이 있고 할 뿐이다. 일체 중생의 마음도 그와 한가지다.

소리도 지극히 정화되면 묘음이 된다. 묘음은 시방법계에 두루해 있을 뿐, 오고 감이 없으므로 묘음여래妙音如來라 한다.

옛날, 경봉 노사께서 기행으로 보이신 손뼉의 그 소리는, 여래장 가운데 묘각성을 지닌 묘음이 시방법계에 상주해 있으면서, 만 중생의 소견에 따라 왔다가 가는 불성을 보이심인 줄을 알아야 한다.

　실은 오고감이 없는 여래장을 노사께서는 후학들에게 탁 치는 손뼉 소리로 깨우쳐 주시려고 하셨던 것이다.

　이러한 진리의 손짓들을 각성의 눈으로 본다면, 세 개의 점은 중도섭리요, 밖으로 그려진 원은 여래장설이 되고 있다. 이와 같이 깨달음으로 들어가는 수행법에 있어서도 세 번 절하고, 세 번 돌고, 세 번 외우는 삼식 예절은 진리를 밟고 여래장으로 들어가는 여래삼밀如來三密의 수식임을 알자.

　동그란 원 안에 점 세 개, 이것은 분명 수준 높은 대각의 상징이다. 그래서 '삼三' 이라는 숫자는 불법에 있어서는 진리를 밝히는 수, 법수法數이다.

　그러므로 법수法數 삼三은 진리인 세간법과 이치가 없는 무리無理의 출세간법을 설함과 동시에, 필경에는 세간법과 출세간법을 온통 초월하는 최상승의 원통교리까지도 진술하는 숫자이다. 이렇게 심심 미묘한 뜻이 삼수에 배어 있으므로, 불가에서는 '삼'수를 무척이나 신성시한다. 뿐만 아니라 모든 경문이나 종교의식에도 많이 애용하고 있으며, 천주교에서도 성부·성자·성신설을 하나로 묶어 하나님의 실상을 가늠하고 있다.

　절을 올리는데도 절하는 사람의 의식수준에 따라 그 의미가 다르다.

　부처님들은 시방제불에게 문안을 드린다. 그것은 같은

무등등의 대각의 경지이기 때문이다.
　대승보살들은 청정묘각의 여래장에 절을 올릴 수 있다.
　그것은 첫째로 청정법신불을 보고 절하며,
　두 번째로는 무량공덕으로 구족하신 원만 보신불을 보고 절하며,
　세 번째로는 무량한 지혜와 신통을 구족하신 천백억 화신불을 보고 절을 한다.
　소승들은 부처님과 부처님의 말씀인 법과 출가대중의 승단에 귀의한다는 의미로 불·법·승 삼보에 절할 수 있으며, 범부와 외도들은 설사 절을 한다하더라도 불법의 실상에 절할 수는 없다.
　이와 같이 종교의 예경에는 그 사람들의 의식수준에 따라 절을 올릴 수 있는 대상의 경계가 판이하게 다르므로, 무엇보다 우리 자신들의 의식수준을 높이지 않으면 최상의 예경은 올릴 수가 없다.
　여기서 원이삼점과 같은 중용의 도리를 타고 깨달음으로 들어간 인도의 어느 아버지와 아들의 이야기 한 토막을 들어보기로 하자. 이들의 대화 속에는 중도 실제의 모습이 잘 묘사되어 있다.

아버지와 아들

열살 난 소년이 아버지에게 물었다.
"아버지 신神이 있습니까?"
"아들아 네가 신을 찾아보고 난 후에 아버지에게 물어보아라."
늙은 아버지는 따뜻한 가슴으로 조용히 아들에게 문제 해결의
실마리를 주었다. 인도의 아버지와 스승들은 제자에게 즉시에
물어 즉시에 답을 요구하는 어리석은 교육을 하지 않는다.
오로지 진리의 본질에 대한 의문을 주어 학인들로 하여금 사료
깊은 탐구의 체험에서 얻어질 수 있는 해오解悟의 길을
조언한다.
　즉문즉답을 요구하는 우리의 상식과는 달리, 인도의 스승들은
제자나 자식들로 하여금, 오랜 탐구의 체험에서 생기는 지혜를
기다렸다. 그런데, 오늘날 우리의 교육풍토는 어떠한가? 이것은
진정한 교육이 아니라 마치 지혜 말살의 전쟁터와 같다.

"예! 아버지"
하고는 효순한 어린 아들은, 신이 있을 만한 곳을 찾아
나갔다.
　어디라 할 곳 없이 몇 년을 헤매고 다녔다. 세상에서 소문난
神이란 사람도 만나 보았고, 온갖 신전에도 염치없이
들락거렸다. 그러나 어디에도 온 인류가 듣고 생각해온

전설상의 神은 없었다. 어린 아들의 해맑은 순박한 눈에도 神은 도무지 보이질 않았다.

  깨달음을 얻었다는 이름난 사람도 막상 가서 보면, 그저 평범한 사람일뿐이었다. 보통 사람보다 정신이 좀 별나거나, 대체로 집단의식이 만들어 놓은 사이비 신神들이 많았다. 그들은 분명 깨달음을 의미하는 정통성 있는 신神과는 거리가 멀었다.

  수 천년동안 맹목적으로 믿어온 신神은, 교활한 인간들의 사념으로 만들어진 허깨비일뿐, 실로 가슴을 울리는 신과 같은 존재를 만나지 못했다. 숱한 종교인들이 교당에 모셔놓은 많은 신상神像들도 보면, 인간들이 세상에 있는 물질을 가지고 만든 조각이요 그림일 뿐이었다. 어린 소견에도 그런 가상의 상징물이 신일 수는 없었다.

  세상에서 말하는 신神이란, 인간이 만든 공상의 물거품이지 무슨 물건처럼 실재할 수 있는 신神이 있을 수 없음을 똑똑히 알았다.

  몇 해 만에 아들은 아버지에게로 돌아왔다. 숱한 허무의 회의만 짊어지고 빈손으로 나타났다. 텅 빈 아들의 허탈한 모습을 본 아버지는, 무척 반기며 물어보았다.

  "아들아 신을 찾아보았더냐?"

  "예, 아버님. 그런데 아무리 신을 찾아보아도 만나지 못했습니다."

"그랬을 것이다. 아들아! 저기 가서 소금하고 물 한 그릇을 가지고 오너라."

효순한 아들은 얼른 집안으로 달려가서 소금과 물 한 대접을 들고 나왔다. 아버지는 이것을 받아 가지고는 물그릇에다 소금을 탔다. 조금 후에는 맑은 물만 그릇에 가득할 뿐 소금은 전혀 찾을 수 없었다. 아버지가 아들을 보며 말했다.

"아들아, 이 물그릇에서 소금을 찾아보거라."

한참동안 그 물그릇 속을 유심히 들여다보던 아들은, 찰나에 깨달음이 일어났다. 소금이 녹아 물이 됨과 같은 신령한 영감이 자신 속에 가득해짐을 느끼는 순간, 우주적인 신성의 바다 속으로 자신이 녹아듦을 체험하고 있었다. 물그릇과 같은 육신도 소금과 같은 마음도 졸지에 초의식의 바다로 사라짐을 맛보고 있었다.

"아버지! 소금을 찾을 수 없듯이 제가 지금 사라지고 있습니다. 그러나 분명하게 물 속에는 소금이 있습니다."

이미 높은 깨달음을 얻은 그 아버지가 이제 막 깨달음이 일어나 경이로운 각성의 영광으로 전율하는 아들에게, 다시 그 깨달음을 벗어 던지고 대해탈의 열반바다로 뛰어들 수 있는 메시지를 던졌다.

"아들아, 네 말대로 물에 분명히 소금이 있다면 물 자체냐 물을 떠나 소금이 별도로 있느냐?"

아들은 아버지에게 마음으로 만들어진 사변적 논리가 아닌,

스스로 영감으로 느끼는 혜명慧明의 각관覺觀을 말씀 올렸다.

"이제 신神이 어떻게 존재하는 가를 알았습니다. 소금물을 소금이라 할 수도 없고, 또한 소금이 아니라고도 말할 수 없습니다. 물이 증발하면 소금만 남듯, 소금물을 보고 소금이다, 물이다 하는 분별심을 떠나면 곧 물이요, 곧 소금이며 또한 소금도 아니요 맹물도 아니며, 더더욱 그 양면이 아닌 것도 아닙니다. 이와 같이 신성神性은 인간들이 복잡하게 사유하는 분별심 밖에 항상 그대로 오고 감이 없으므로, 시시비비를 멀리 떠나 시방법계에 두루하여 없는 곳이 없음을 소자가 지금 막 이렇게 체험하고 있습니다."

하고는 홀연히 결가부좌를 하고 말없이 앉아 있다.

아들이 찰나에 신성을 체험하는 초연한 모습을 본 아버지는 아쉬운 미소를 보이시며, 다시 아들에게 심부름을 시키신다.

"아들아, 저기 밭에 가서 큰 파 한 뿌리만 가져오느라."

"예"

하고 아들은 금방 굵은 파 한 뿌리를 들고 왔다. 아버지가 이것을 받아 가지고는 파 껍질을 하나 하나 벗겨 나갔다. 마침내 그 아버지의 손에는 아무 것도 없었다. 그것을 지켜본 아들은, 지혜로운 얼굴에서 초의식으로 빛나던 상서로운 각성의 구름이 서서히 걷히고 있었다.

조금 전과는 달리 깨달음을 딛고 더 높은 대해탈의 경계로 끌어올리고 싶은 아버지의 아쉬운 손끝은, 땅바닥에 마냥

굴러다니는 낙엽 하나를 손수 주워 그것을 아들이 주시하는 앞에서 쪼개고 또 쪼개어 분진이 되게 하였다. 그 분진들을 손바닥에 올려놓고는 입으로 '후' 하고 불어 날려 보냈다.

그 찰나에 아들의 각성세계에서는 더 이상 비길 데 없는 기적이 일어났다. 조금 전에 터득했던 지극히 환희롭고 찬란했던 깨달음이 아버지가 '후' 하고 분진을 만들어 날려보내는 순간, 법계가 활짝 열려 저 출세간의 깨달음까지도 초월하는 기막힌 묘각이 성취되었다. 그 아버지와 아들은 서로 얼싸안고 무이無二의 노래를 불렀다.

낙엽이　허공인가　허공이　낙엽인가
인연이　화합하면　허공이　물질되고
인연이　떠나가면　물질이　허공인걸
창공을　나는새가　하늘을　버렸구나
한생각　벗어나면　만물이　신인것을

"아들아 네가 아비에게로 왔구나."
"네, 아버지! 소자에게로 아버지가 오셨나이다."
"그래! 그래! 내가 너에게로, 네가 나에게로 그리고 신이 우리에게로 왔구나!"
"네가 내가 무이無二되어 여래장如來藏에 춤추누나!"

소승과 깨달음까지도 초월하는 대승 경계를 이해하자면, 위에서 아버지와 아들이 주고받은 얘기를 잘 음미 해보아야 한다. 부자가 주고받은 대화 속에는 원이삼점을 가장 쉽게 이해할 수 있는 체험의 내용이 잘 밝혀져 있다. 필자가 원이삼점을 가지고 끈질기게 물고 늘어지는 것은 이 점 표가 불교에 있어서 가장 높은 대 해탈교리를 기막히게 도설한 그림이기 때문이다.

사실 불교는 어렵다. 인연화합으로 있다 없다하는 유위법을 무시하는 부정의 긍정사 시是와, 무연의 무위법인 깨침의 각성을 긍정도 부정도 아니하는 긍정의 부정사 비非는 참으로 난해한 해탈 교리의 말씀들이기 때문이다.

더더욱 난해한 것은 대해탈의 절대 차원에서는, 그 깨달음마저도 부정의 긍정을 거듭한 시시是是와, 다시 긍정의 부정을 거듭한 비비非非는 중생소견으로는 사유불급思惟不及이다.

어떻게 되었든 여덟 번 부정하는 절대 긍정의 부정사 시시비비是是非非는 대 해탈교리를 밝히는 법어로, 항하지변을 한마디로 압축한 절대 비합리의 대명사이다.

절대 긍정의 부정사 시시비비의 비합리차원은 아무나 쉽사리 넘나볼 수 있는 경계가 아니며, 그 말의 깊은 뜻 또한 세상 상식의 합리론으론 알 길이 없다. 다만 이러한 부사의어不思議語는 세상 상식의 사변적 관념을 부수는 금강석과 같은 법어로 쓰이고 있음을 알면 된다.

부정에 부정을 보태고, 그 부정을 거듭 긍정하는 불교의 반야사상은, 저 히말라야 고봉이 세상 사람을 받아들이지 않듯이, 시시비비도 사람이 요량하는 심리를 용납하지 않는다. 원이삼점圓伊三點은 세상의 사리와 인간의 왜곡된 신념을 걸러내는 여과기이다. 신성한 이 여과기는, 생각하고 요량하는 식심 분별을 걸러낸다. 그러므로 그것은 말이나 글로는 표현할 수 없는 도가에서 말하는 언어도단言語道斷으로서, 시시비비是是非非와 더불어 열반바다로 항해하는 반야용선이다. 반야용선은 불교의 대 반야사상을 집약시킨 말이다. 그것을 도표로 보인 것이 원이삼점이다.

　원이삼점은 금강과 같이 날카로운 지혜로 반조회관 하는 슬기를 점설한 것이다. 점설한 내용이 엎치락뒤치락 집어던지기를 번복하므로, 이것을 처음 배우는 이가 보고 듣게되면, 제 아무리 명석한 사람이라도 단번에 마음이 숨을 거둘 것이다. 숨을 거둔 마음의 빈 공간에서 홀연히 각성의 세계가 활짝 열리면, 시시비비로 만들어진 원이삼점의 피라밋인 화이트 홀에서 백천 삼매가 일어남을 맛보리라.

　천만다행으로, 신의식身意識이 균형을 이룬 피라밋형 삼매에 걸려들면 대 해탈을 얻지만, 유식한 체하는 이들은 이같은 일반 상식말살기常識抹殺機 원이삼점의 삼매기三昧機에 걸려들면 혼줄이 난다.

　세상의 학설이나 일반 상식은 '있으면 있고, 없으면 없다'라고 말하면 된다. 그렇기 때문에 시비是非가 분명하다.

　그러나, 불도는 처음부터 끝까지 철저히 벗겨버리는 해부학적 해탈론이다. 그것은 의식과 무의식 속에 누적된 일체 모든 고통의 뿌리인 마음의 쓰레기를 쓸어버리기 위한 최상승의 불지견론이기 때문에 역설의 번복을 피할 길이 없다.

　불교는 처음부터 끝까지 자기 말살의 분해학이다. 그러므로 불도를 배우는 사람은, 자기의 생살점을 뜯어내는 혼돈의 아픔을 감당해야만 한다. 그래야만 모든 관념의 벽이 무너진다. 이렇게 버리고 제하고 멸해서 아무 것도 없게 한 다음, 더 이상 버릴래야 버릴 것이 다시 없을 때, 구경각究竟覺이라 하는 대각을 성취한다.

　석존이 이루신 대각은 줄기찬 역설의 부정을 통해서만 일어난다. 여덟 번이나 엎치락뒤치락 부정을 하고, 이것을 최후로 긍정한 아홉 번 째 여래장으로 들어간다. 그러므로 대승교리는 누구나 알 수 있는 것도 아니다. 다만 이러한 진실을 이해하는 해각이 우리들에겐 더없이 소중하므로, 이렇게 많은 말을 하고 있는 것이다.

　저 먼 옛날 육신보살이라고 소문난 용수, 마명, 무착 같은 대선지식들은 이와 같은 대승교리를 깊이 이해하시고 그 내용을 잘 밝혀 놓았다. 그 대표적인 기록이 대승기신론大乘起信論이다. 대승기신론의 골자는 바로 원이삼점의 얘기다.

　우리들의 마음은 절대부정이 될 수 밖에 없는 망집의

결정체이다. 이 무형의 망집성인 마음을 해체시키기 위하여서는 여덟 번이나 부정해 들어가는 사유의 지혜가 절대로 필요했다.

　우리들이 가지고 다니는 마음은, 반은 의식이고 반은 무의식이다. 이것을 무명無明이라 말한다. 무명이 머무는 주소는 제 팔식 함장식含藏識에 있다. 함장식의 하늘에 구름처럼 떠있는 망상이 우리들의 마음이다. 우리들이 그렇게도 소중히 아껴왔던 마음의 주소가 유식학唯識學에서 말하는 제 팔식에 있으므로 구처없이 여덟 번이나 부정을 해야만 한다.

　부정을 실현하는 비합리의 역설 시시비비是是非非가 아니고는 도저히 팔식의 물거품을 깨트릴 수가 없다. 해각의 직관력에 의하여 함장식의 하늘이 꺼져버리면 자연히 청정식이라 말하는 제 구식에 들어간다. 진여식眞如識 혹은 여래식이라 말하는 여래장에 들어간다. 이것이 여덟 번 부정하는 팔부정의 시시비비是是非非다. 최후로 일어나는 절대긍정이 여래장설이다.

　이렇게 망집의 마음이 머물고 있는 제 팔식을 벗겨내고 제 구식九識이라 말하는 진여식이 드러나면, 부처님을 친견하게 된다. 이렇게 서툰 논리로나마 부처님을 친견 할 수 있는 도표가 원이삼점이고, 그 안내문이 시시비비是是非非이다. 아, 얼마나 놀라운 이정표이며 법어인가!

진언眞言, 주문呪文, 신주神呪의 같은점과 다른 점은 무엇인가?

　일반적으로 진언과 신주와 주문은 삼세 제불이 설하신 주술呪術이란 점에서는 같다고 하겠다.
　그러나 부처님께서 주문呪文과 신주神呪와 진언眞言을 설하실 때에 보이시는 불가사의한 상서가 특이하다. 어떤 점이 특별히 다른가 하면 수 능엄신주首楞嚴神呪의 경우는 세존의 머리 정수리에서 화현한 화불化佛의 입으로 설해 졌고, 주문呪文은 부처님 입에서 흘러나온 광명으로부터 설해 졌으며, 진언眞言은 부처님의 가슴 만卍자로부터 흘러나온 빛으로 설해진 기록을 볼 수 있다.
　세존의 육신이 아닌 법신불法身佛로 설해진 모든 다라니 신주는 여래장如來藏 가운데에서 흘러나온 제불의 비밀스러운 뜻이다. 여래장 그 자체이기도한 신주神呪나 주문呪文, 진언眞言을 통칭하여 '다라니'라고도 하는데, 다라니란 모든 지혜와 신통과 공덕을 다 지니고 있다는 뜻이다.
　모든 다라니 신주는 중생들을 성도시키기 위한 부처님네의 불가사의한 방편으로서 부처님의 삼밀三密가운데 어밀語蜜에 속한다.

어밀은 성불하신 부처님네의 본묘각으로부터 흘러나온 신비한 원음原音이다. 원음인 모든 다라니는 불교 방편문중에서 밀교문密敎門에 속한다.

불교의 수행문을 보면 크게 세 갈래의 길이 있다.

일불승一佛乘의 길, 성불로 가는 길에는 해인삼매라 하는 백천삼매를 닦아야 하므로 특별한 방편이 따로 있을 수 없다. 그러나 삼승도의 깨달음의 길을 보면, 세 갈래의 길이 있다.

첫째, 지혜의 길이라고도 말하는 삼매三昧의 길이 있다.

즉, 환관幻觀·공관空觀·적관寂觀을 닦는 관법觀法을 말한다. 사마타, 삼마야三摩耶, 삼매三昧라고도 말하는 이 세 가지 관법觀法은 행위로부터 미세한 의식까지도 주시하는 수행법을 말한다.

두 번째는 헌신의 길이라고도 말하는 육바라밀을 닦는 보살도菩薩道가 있다. 성불하기 위한 자기 불국토장엄佛國莊嚴의 대승도를 말한다.

세 번째는 믿음의 길을 말한다. 깊고 높은 신뢰로 염불 기도하는 신행의 길이다. 모든 종교는 다 신행문에 든다. 모든 경문을 수지독송하고 다라니를 외움으로써 불가사의한 가피력을 받는 수행의 길이다.

우리 한국 불교의 밀교 교본이 바로 『천수경』이다.

천수경에는 온갖 기적奇蹟과 이적異蹟의 신비를 가득 얻을 수 있는 비법이 담겨져 있다. 이 천수경이야말로 모든 종교의 핵심이 되는 교본이다. 위에서 말한 세 갈래의 수행길 중에서는 말 많은 말세 중생들의 수준에 가장 적합한 방편의 문이다.

우리가 육체나 마음에 아무런 결함이 없고 수준 높은 의식과 종교적인 침묵을 소유했다면 사실상 종교가 무슨 소용이 있겠는가?

생멸하는 삶의 현실을 촘촘히 주시만 하면 그대로가 여래의 선如來禪이 된다.

하지만 우리의 심경을 돌이켜 보면 잠시도 정신 안정제와 같은 성인의 말씀을 안 들으면 정신병원의 수면제라도 먹어야만 하는 딱한 처지이고 보니 종교는 더 없이 소중한 우리의 안식처이다.

이같이 허망한 인간의 마음 병을 치료하기 위하여 발명해 놓으신 다라니문의 진언들을 외우다 보면, 부처님 자비의 마음이 나의 눈에 눈물이 되어 흐른다.

허망한 마음 병을 치료하는 부처님의 방편을 잘 이해하자면, 필자가 생을 두고 호소해 온 진리의 삼차원을 우선 알아야 할 것이다. 그렇지 않으면 도대체 불교는 왜 이렇게도 복잡하고 난해한가 특히 천수경의 내용들은 무속신앙의 교본이 아닌가? 하는 의심까지 하게 된다.

바다와 같이 넓고 깊은 불교를 더듬거리는 지팡이 세 개, 즉

무리無理, 정리正理, 망리妄理를 비유로써 예를 들어보겠다.

첫째, 무리無理의 차원은 허공비유가 제격이다. 허공은 불성 그 자체와 흡사하다. 저 허공은 온갖 것을 떠나 오로지 아무것도 없는 청정 그 자체이다. 바로 이 차원이 불가사의 경계의 무리차원이다.

출세간법으로는 부처님의 본묘각本妙覺가운데 진공眞空의 성질을 가진 '청정 묘각의 진공'이 있다. 이 차원을 불교에서는 최상승법인 청정법신 비로자나불의 경계라 한다.

필자는 이 경계를 '무리無理의 차원'이라 이름했다. 바로 이 자리가 도가에서 말하는 언어도단의 경지이고, 모든 도의 본고향이 되고 있다. 모든 인연의 이치가 다 녹아버린 철저히 비어있는 마이너스로 충만된 진공을 세속에서는 도리道理라 부르고 있다.

불교의 참선 수행은 불법 가운데 무리無理를 성취하는 길이다. 무리無理는 깨달음의 길로서 필경 공적의 불가사의이다. 불가의 출가 구도가 여기로 가는 최상의 방편이 되고 있다.

두 번째로는 정리正理가있다. 정리는 오늘날 과학이다. 만법의 인연 소치를 세상에서는 진리眞理라 말하고 있다.
출세간법으로는 계행이 정리正理이다. 최상승법으로는 성불하는 불법佛法을 말한다.

세 번째로는 망리妄理이다. 망리는 중생이 허망하게 국집하는 전도망상으로 생기는 온갖 미신을 말한다. 집안의 산소나 집을

수리하고 나서 생기는 인명피해라든가, 몸에 부적符籍이나
부물符物을 가짐으로써 신기한 효험을 보는 징후 등은 다
망리의 소관이다.

이러한 미신들은 전연 과학적 근거는 없다. 부처님은 이러한
망리병妄理病의 정신병자들을 위하여 지금 이 천수경에서 여러
가지 주술비법呪術秘法들을 상세히 밝혀 놓으셨다.

허망한 망리의 종교라 할 수 있는 무속신앙의 모든 주술과
부술은 다 까닭이 없는 망리에 그 뿌리를 두고 있다. 중생의
마음에는 망리의 속성이 있기 때문에 토속신앙은 세계적으로
신봉되고 있다.

다시 말하면, 정리正理는 과학적으로 얼마든지 증명이 된다.
그것은 물증이나 심증도 가능하다. 그러나 이와는 반대로
무리無理는 전혀 과학적 논거나 심증으로는 설명할 수가 없다.
그러므로 깨달음이나 신비한 기적은 다 무리無理의 소관이기
때문에 우리는 그 이치를 알 수가 없다.

또한 이것도 저것도 아닌 망리妄理는 비 과학이기 때문에
허망하게 생기는 여러 가지 정신병과 불치의 고질병을 치료하는
비법을 부처님은 천수경에서 친절히 밝혀놓으셨다.

고전의 천수경 원문을 보면 일반 천수경에서 삭제해 버린
부분이 많다. 그것은 무속성이 짙다 싶어 삭제한 것 같다.
원전에는 소중한 부분이 많이 기록되어 있다. 특히 병을 고치는
비법과 중생의 소구 소망을 다스리는 사십이수주四十二手呪가

그대로 잘 보존되어 있어 천만 다행한 일이다.

　필자는 일찍부터 진리의 삼대원칙眞理三大原則을 주장해 왔다. 이같은 고유한 진리의 속성을 알지 못하면 불교를 반쪽도 못 보게 된다. 그렇게되면 편견소지偏見小知의 애꾸눈으로 어떻게 불경을 볼 것이며, 중생 미망을 전문으로 다스린 천수경을 어찌 이해하겠는가?

　이와 같은 지견이 없다면 지금 이 천수경은 무속종교의 교본 같아진다.

　이 경에서 병을 다스리는 장과 중생소망을 다스리는 사십이수주는 중생들의 망리병을 다스린다. 병과 소망을 구제하는 구체적인 비법과, 관음보살이 결인하는 손 모습까지 잘 그려져 있다. 하지만 이러한 비법은 다 진리의 삼대원칙 중에서 망리의 소관임을 이해해야 한다. 그렇지 못하면 과학이라 말하는 정리正理에 물든 세속 사람들의 혀끝에 무척 시달릴 것이다.

　그러나 위에서 언급한 바와 같이 정리正理・무리無理・망리妄理, 이 삼리三理를 잘 달관하고 있으면 진리의 속성을 잘 모르는 저들의 무지를 환히 밝혀줄 수 있다.

　그렇지 못하면 부처님이 남기신 귀중한 주술이나 부적(符籍:종이나 대쪽에 경명주사로 쓴 글씨)과 부물(符物: 신비물로 가져 다니는 여러 가지 금, 석물)을 천박한 토속신앙의 미신 부류로 취급하기 쉽다.

　부처님께서는 중생을 구제하시는 과정에서 중생병의 성질을 잘 관찰하시고, 진리의 삼대원칙인 삼리三理에 입각하시어 적절히 다스리셨다.

　명석한 두뇌를 가진 정리병의 소유자에게는 논리학인 경문으로 깨닫게 하셨고, 분별심을 싫어하는 무리無理병의 소유자에게는 참선수행의 삼매三昧로 불가사의 초의식을 경험케 하셨고, 기적과 이적의 신험을 요구하는 신비주의 망리병의 소유자에게는 주술이나 부물符物로써 다스리셨다.

　같은 다라니의 경우라도 진언眞言은 정리의 과학자병을 다스리셨고, 주문呪文은 마음이 뒤집힌 망리의 환각병자를 다스리셨으며, 신주神呪는 무리를 구하는 최상승의 구도자를 다스리셨다.

　박덕한 중생이 온갖 액난에서 벗어나질 못하면 부술(符術: 부적符籍-종이에 쓴 기형글자. 부물符物-목금석 같은 물건)로 해탈케 하셨다.

　바로 이 천수경은 쉬운 말로 하자면 삼리병을 치료하는 최첨단의 심리학이라 할 수 있다. 이 뜻을 깊이 이해하지 못한 일부 역경사들은 천수경 원전에도 있는 부적이나 부물의 여러 가지 기록을 후세인의 위작이라 여기고 원문을 많이 삭제해 버린 큰 잘못을 범했다.

　'만병에 만약'이라 했듯이, 제불들의 수많은 신주와 진언과 부술은 다 만병에 만약 같은 처방전이므로 그대로 전해오는 원전을 경솔히 취급하여 삭제해 버리는 우를 범하는 일은 두 번 다시 없어야겠다.

  각양각색의 온갖 중생의 허망한 마음의 병을 치료하는 만다라가 탄생할 때에는 부처님의 법신 가운데에서 어느 부위로부터 상서로운 광명이 나와 설해졌느냐에 따라 그 다라니의 이름이 다르고, 용도와 효험이 또한 다르다. 그러므로 부처님의 가슴의 卍자로부터 나왔다면 진언이요, 부처님의 입으로부터 나왔다면 주문, 부처님의 정수리로부터 나왔다면 신주라 하여 각각 다른 명칭으로 불리는데, 바로 이것이 불가사의한 밀교의 삼밀密敎三密이다.

  밀교 삼밀인 진언과 주문과 신주가 설해진 밀어삼처密語三處를 정리해보면 다음과 같다.

  진언眞言은 부처님의 가슴에서 나온 광명의 소리로, 신밀身密이며,

  주문呪文은 부처님의 입에서 나온 광명의 말씀으로, 어밀語密이며,

  신주神呪는 부처님의 머리 정상 육계肉髻에서 화생化生한 부처님의 광명으로 부터 설해진 말씀으로 의밀意密이다.

  그러나 모든 다라니가 어디로부터 설해졌든 제불의 불가사의

신통광명장神通光明藏에서 나왔다는 공통점이 있기 때문에, 주문을 통칭해서 명주明呪라고도 말한다.

　필자의 이 같은 주장을 뒷받침하는 논거로는, 그 많은 대장경가운데 부처님께서 진언이나 신주를 외우실 때는 반드시 신비로운 상서를 보이신 기록이 있다. 어떤 경우든 부처님이 신통 변화를 나투신 후에 화신불化身佛의 신체 어느 특정 부위로부터 대 광명을 보이시고 주문을 설하시는 대목이 있다.

　이런 사실로 미루어 볼 때 진언과 주문, 그리고 신주에는 반드시 부처님의 무량 복덕성과 지혜와 신통이 가득 담겨 있음을 믿어 의심치 않는다.

삼밀가지三密加持

삼밀가지三密加持를 번역하면 신身·구口·의意 세 가지 신비스러운 공덕을 빈틈없이 얻어 가진다는 말씀이다.

삼밀가지의 글귀의 뜻을 한 자 한 자 그 의미를 새겨 보면 '삼三'은 '신구의 삼업'을 말하고, '밀密'은 숨기고 감춘다는 뜻이 아니라 '두루 가득히 충만하여 빽빽한 상태'를 은유한 글자이다. '가加'는 신비로운 힘을 받아 가진다는 '가피력加被力'을 뜻한 글자이다.

필자는 한때에 보살님으로부터 여의주如意珠를 받아 입에 넣은 후로는 지금까지 목이 좀처럼 쉬지 않고 말에 아쉬움이 없는데 이와 같은 영험을 얻어 가지는 힘을 가피력加被力이라 한다.

'지持'는 얻은 가피력을 '잘 지킨다'는 뜻이다. 부처님의 영험은 변함이 없으므로 항상 그대로 유지된다. 그러나 세속의 일반 영험靈驗이나 체력단련에서 오는 초능력은 영원히 유지되지 않고 반드시 감퇴가 있다.

그러나 출세간의 가피력은 감퇴하는 법이 없고 세상의

수표처럼 부도 나는 일이 없다. 부처님의 가피력은 영원불멸성을 가지는데, 이것을 '지持'라 한다.

　불경에서 말하는 삼밀가지三密加時의 본디 뜻은 염불하는 중생들의 몸과 입과 뜻이 부처님의 신·구·의와 같아지는 위신공덕력을 얻어 가지게 된다는 말이다.

　부처님들에게는 신밀身密의 보신報身과 어밀語密의 화신化身과 의밀意密의 청정 법신法身이 있다. 그 삼신으로 일체중생과 보살들을 보호해 주신다. 그래서 삼밀가지三密加時에서 가지加時의 어원語源은 힘을 입어 가진다는 가피임지加被任持의 준말이다.

　즉 부처님의 가피력을 받아 부처님의 삼밀과 같아진다는 뜻이다.

　그러므로 착한 중생들이 몸으로 부처님의 신밀身密인 결인(結印:신비스러운 수화)을 짓거나, 부처님의 행을 그대로 받들어 실천하면 무량한 보신공덕報身功德의 가피력加被力을 입게 된다.

　그러므로 염불하는 불자들은 부처님 뵙기를 소망하면 그 사람의 눈에만 은밀히 부처님이 금색신을 나투어 보이므로 스스로 친견하게 되고, 임종시에는 부처님을 따라 극락으로 가는 신밀의 가피력을 입게 된다.

　또 착한 중생들이 입으로 경문이나 주문을 외우게 되면 무량한 부처님의 어밀인 화신공덕化身功德의 가피력을 받아

지혜와 신통을 성취하고, 지극한 마음으로 부처님의
법음法音듣기를 발원하면 자연히 부처님의 음성을 친히 듣고
진리를 깨닫는다.
 이것은 모두 부처님의 어밀공덕語密功德의 가피력이다.
 또 착한 중생들이 마음속으로 부처님의 의밀意密인 법문의
뜻을 깊이 생각하면 구경열반인 법신공덕력法身功德力을 입게
되어 부처님과 같은 해탈과 열반을 반드시 얻는다. 이것이
의밀의 가피력이다.
 이와 같이 부처님께서는 모든 중생들의 적성과 그들의 근기에
꼭 맞는 수행의 문을 많이 개발해 두셨다. 불교에서는 이와
같은 삼밀을 닦아 부처님의 가피력을 얻어 가지는 방편의
가르침을 밀교密敎라고 한다.
 밀교의 대표적인 나라는 티베트이다. 티베트 불교는 부처님의
아들, 밀행제일密行第一 라후라가 편 교敎라는 설이 있다. 필자도
그렇게 확신하고 있다. 밀행의 도로 말하자면 라후라가
아니고서야 누가 세존과 같은 삼밀을 갖출 수 있겠는가!
 인류학자들의 유전설을 빌리지 않는다 하더라도, 대체로 그
아들들이 그 아비를 닮고 있다. 절대다수가 복제품같이
성격까지도 그 아비를 닮고 있다.
 이 같은 사례로 미루어 보더라도 삼밀가지의 밀교문에
있어서는 라후라가 교주일 것이다. 지구상에서 그 누구보다도
라후라가 부처님을 제일 많이 닮았을 것이다.

정구업진언淨口業眞言

수리수리 마하수리 수수리 사바하

글자를 그대로 번역하면 '입으로 깨끗한 업을 짓는 진언'이 된다. 그러나 일반 해설서에는 '입으로 지은 죄를 깨끗이 하는 진언'으로 밝히고 있다. 어떻게 해석하든 다 좋다. 하지만 입을 양치질하는 의미의 주문이 아니라는 점이다.

입으로 지은 네 가지 죄업을 싹 녹여 없앤다는 청소의 의미로 해석할 수 있는 진언은 별도로 있다.

'멸업장진언滅業障眞言'이나 '소죄진언消罪眞言'이 바로 그것이다. 신身·구口·의意로 지은 죄를 깨끗이 소멸시킨다는 뜻이 되려면 반드시 멸滅자나 제除자, 혹은 소消자가 붙어야만 한다. 그러나 정구업진언淨口業眞言이나 정삼업진언淨三業眞言과 같은 경우는 그 뜻이 매우 다르다. 정삼업진언의 경우는 글자 그대로 해석해도 깨끗한 업을 신·구·의로 짓는다는 말이다. 즉 부처님의 정덕淨德을 짓는다는 말이다.

삼업三業은 몸으로 지을 수 있는 세 가지 나쁜 허물 즉
살생·음행·도적질과 입으로 지을 수 있는 네 가지 허물인
악담·거짓말·두 가지 말·쓸데없는 말과 그리고 뜻으로 품을
수 있는 세 가지 허물인 탐욕과 화내는 것과 몰라서 짓기도
하고 알고도 행치 못하는 어리석음의 허물이다.

이것을 몸과 입과 뜻으로 짓게 되면 열 가지 허물 즉
십악十惡이라 하며, 반대로 신·구·의를 잘 지켜 십선十善을
행하면 정삼업이 된다. 중생들이 저 열 가지 착한 업을
행하기가 쉽지 않으므로 부처님은 가장 수월히 지을 수 있는
진언을 개발해 두셨다.

특히 몸과 뜻과 입 가운데서 입으로 닦을 수 있는
정구업淨口業의 길을 개발해 두셨다. 왜냐하면 신·구·의
삼업三業가운데 몸과 뜻은 각각 세 가지 공덕밖에는 지을 수
없지만, 유독 입만은 네 가지 허물을 단박에 네 가지 청정한
업으로 바꿀 수 있다는 장점이 있기 때문이다. 몸이나 뜻으로
짓는 것보다는 한가지 공덕이 더 있는 셈이다.

입에는 이와 같은 특수한 기능이 하나 더 있기 때문에 신비한
힘의 주문이 별도로 있다. 그 진언이 〈수리수리 마하수리
수수리 사바하〉라고 하는 정구업진언淨口業眞言이다.

정업淨業을 이해하자면 우선 출세간법의 지견을 빌려야한다.
정구업淨口業의 첫 글자 '정淨'자에 대하여 깊이 생각해 보자.
왜냐하면 '정淨'이라 하니까 세간 상식으로는 쉽게 깨끗한 빨래

같은 것을 생각하기 쉬운데, 이 정淨자는 출세간법의 부처님의
법신을 의미하는 글자로 '깨끗하고 더러운 청탁을 멀리 떠난
불이不二의 차원'을 암시한 글자이다. 더 높은 최상승의
뜻으로는 불성佛性을 말한다. 부처님의 청정법신을 의미하는
오직 성불하신 부처님들만이 갖추고 계시는 청정법신
비로자나불의 묘명성을 은유한 정淨자다.

성불하신 부처님의 정덕淨德은 대보살大菩薩 마하살摩訶薩들도
갖추지 못하였다. 오로지 부처님들에게만 네 가지 거룩한 덕,
즉 상常·락樂·아我·정淨이라는 사덕四德이 있다.

이 사덕을 현대인의 감각에 맞추어 보면.

상常은 무한한 사랑이며 떳떳한 보람으로 가득함이다.
락樂은 무량한 평화이며 환희로 가득함이고,
아我는 무궁한 절대 진아眞我로 대자유이며,
정淨은 무한한 행복으로 청정법신이다.

이 사덕四德을 상징성의 분신으로 대비시켜 보면
법신法身·보신報身·화신化身으로 불보佛寶의 삼신설三身說이
된다.

상락常樂은 보신불報身佛인 노사나불의 공덕상으로 생각해 볼
수 있고,

아我는 천백억으로 변신하는 화신불인 석가모니불의 신통상이 되며,

정淨은 영적 깨달음의 성품인 청정법신 비로자나불의 적멸상寂滅相으로 비유해 볼 수 있다.

그러므로 이 『천수경』은 여래의 사덕 가운데 청정법신불의 열반공덕을 입으로 지어서 얻을 수 있다는 내용의 경문이다.

다시 말하면 청정법신의 공덕을 입으로 지어 성취하는 그 진언이 정구업진언淨口業眞言 "수리수리 마하수리 수수리 사바하"이다.

오방내외안위제신진언 五方內外安慰諸神眞言

'신이 정말로 있는 것이냐, 없는 것이냐' 하는 문제보다도 도대체 신神이 무엇인가에 대한 정의가 바로 서 있지 않으면 항상 오리무중이다. 그래서 먼저 신의 이미지부터 분석해 보자. 기독교나 서구의 일반 신의 개념은 만류본질의 궁극적 본성을 이름한 명칭이다.

불교에서 말하는 본묘각本妙覺과는 다른 묘각성妙覺性의 이름이다. 다시 말하면 태양과 빛의 관계인 것이다. 태양 그 자체가 묘각이라면 빛은 묘각의 성품이다. 대각을 성취하신 세존의 경계를 밝힌 화엄경에 무수히 거명되는 신들의 차원이 바로 묘각성을 이름한 명칭이다.

그러므로 화엄경에 무수히 나오는 신들은 다 등각에 오른 대보살 마하살로 12지 등각 보살들이다. 그들은 다 불지에 오른 만덕萬德, 만선萬善의 이름들이다. 이를 일반 종교에서는 그냥 신神이라 부르고, 우리는 불성이라 이름하고 있다.

화엄경을 보라! 신들의 천국이다.

천신·지신·산신·수신·해신·강하신 하는 등은 다 우주 대자연 신神들의 이름이다. 그러나 그 신들의 밑바탕은 여래장如來藏이다. 이러한 사실을 깊이 깨닫고 있어야만 저 외도들이 말하는 유일신을 구경으로 아는 맹신병에 안 떨어진다.

다음으로는 일반적인 토속신 개념의 신神이다.

우리가 살고 있는 이 우주 안에는 허망한 온갖 종류의 망령들이 수두룩하다. 이들은 다 우리들 마음이 변질된 영혼으로 이러한 망령 잡신들이 한량없다. 이들이 인간들에게 줄 수 있는 것은 재앙 밖에 없다고 한다. 그래서 부처님께서는 신에게 구하는 모든 기복적인 행위를 금하셨다.

저 신들은 불보살님들처럼 일체 중생에게 불가사의한 복덕성은 줄 수 없다고 한다.

비유하면 비렁뱅이는 다른 사람에게 해악은 줄 수 있지만, 보석을 주는 행운은 줄 수 없다는 것이다. 이러한 신들은 우리들이 꿈에서 흔히 볼 수 있는 죽은 망령의 몸으로 이것을 중음신中陰身이라 한다. 중음신은 세상의 사람같이 물질로 된 육신이 아니므로 실체가 정해져 있는 몸은 아니다.

다음으로는 귀신 갈래가 있다. 귀신은 일반 신보다 급수가 낮은 신이다. 이러한 귀신은 우리가 주위에서 혹 볼 수 있는 정신분열증환자의 정신상태를 짐작하면 쉽게 이해가 갈 것이다. 이 귀신들은 온갖 재앙을 몰고 다닌다. 또 귀신 갈래보다 더

저급한 괴귀류가 있다. 오늘날 바이러스 세균성 병균을 어림해보면 된다. 이것은 온갖 괴질을 일으킨다. 짐승에게 많이 붙어 다니므로 조심해야 한다.

오방내외 안위 제신 진언
나무 사만다 못다남 옴 도로 도로 지미 사바하 (세번)

불자의 마음이 깨달음을 얻은 성자들의 해탈심에 잠깐만 들어가도 시방세계가 까닭 없이 흔들리고, 불제자가 염불과 다라니를 잠시만 외워도 시방세계가 육종 진동을 하게 된다. 그러므로 저 허공계를 의지해 살고 있는 온갖 신들이 큰 불안함에 떨게 된다. 그러나 이 진언을 듣게 되면 일시에 큰 위안을 얻게 된다.
 부처님의 모든 진언은 여래장에서 흘러나온 어밀로서 그 말씀은 어마어마한 중력장을 가지고 있다. 그러므로 누구나 진언을 외우게 되면 시방 법계가 진동을 하게 된다. 그것은 여래장 가운데 깨달음의 세계 법계가 있고 법계 가운데 저 허공계가 있기 때문이다.
 그러므로 허공계 속에 존재하는 모든 신들의 간담을 안정시켜 줄 수 있는 안위 제신 진언을 외워 주어야 한다.
 현재 개발된 핵 폭탄은 그 위력이 지구 몇 개가 박살날 정도로 끔찍하다고 한다. 그러나 진언의 위신력은 핵폭탄같이 무자비한 파괴물이 아니라 어디까지나 제불의 마음인 자비다.
제불의 말씀인 진언은 중생들의 심신 고뇌를 밝고 평화로운
불심으로 대체시키는 불가사의이다.
    그러므로 누구나 오방내외 안위 제신 진언을 외우게 되면
자신의 안팎이 저절로 신기하게 평온해진다.

    나무 사만다 못다남 옴 도로도로 지미 사바하(세번)

    문장을 그대로 번역하면 『오방 안팎에 있는 모든 신들을
편안하게 위로하는 진언』이 된다.
    누구나 절 입구에 들어서면 어마어마한 사천왕들의 독특한
인상과 금강 역사의 철퇴 방망이 익살에 간담이 서늘해진다.
그런가 하고 조심조심 법당 안으로 들어서면 지엄한 등상
부처님을 모신 왼쪽이나 오른쪽에는 더 엄청나게도 많은 신상을
그려 모신 탱화를 또 만나게 된다.
    이 모습들은 불경에 많이 나오는 호법 선신중을 그대로 그린
것이다. 한마디로 절은 신들의 고향집이다. 우주적인
신인神人들의 번쩍이는 눈방울과 개성미가 철철 넘치는
인상들을 마주보고 나면 과연 누가 저렇게 까지 많은 신들을 볼
수 있을까? 하는 의문이 앞선다.
    그야 물론 부처님같이 도를 깨달으면 볼 수 있는 일이지만.
    당장 이 세상 사람들에게 어떻게 납득을 시키느냐? 하는

근심이 앞선다. 복 없는 세속 사람들이 혹시나 불법을 좁은 가슴으로 의심하거나, 무식도 자랑이란 듯 불신의 방망이로 형설의 신상을 함부로 두들겨 부수면 어쩌나 싶다.

수 천년 동안 신의 존재에 관한 한 물증은 없으나 물증이 있을 수 없는 신상神像은 많다. 그것은 신은 마음으로 느낄 수는 있기 때문이다. 심증론으로는 깨달은 분들의 영험이 그것이요, 추상론으론 무속巫俗들의 신험이 그것이다. 유식한 변정론으로는 식자들의 심령학이 고작이다.

그러나 종교의 세계에서는 신의 존재에 관한 한 우리와 같은 사람인 것처럼 친숙히 여긴다. 신神은 누가 믿고 말고의 신념의 문제가 될 수 없다. 바로 이것이 중생의 무지다. 바다에 사는 물고기가 바다가 어디에 있느냐고 찾고 의심하는 꼴과 꼭 같다는 것이다.

바다에 살면서 바다를 모르는 물고기 신세와, 사람이 신속에 살면서 도무지 신을 의식하지 못 하는 꼴이 똑같다는 것이다. 누구나 스스로 제 눈을 영원히 볼 수 없음과 같다는 것이다.

필자는 선지식들로부터 우리말이 온갖 뜻을 담은 언어 다라니란 말씀을 여러번 듣고, 우리말 어원에 대하여 깊이 생각하며 여러모로 조사해 본 바에 의하면, 사람이란 그 어원 자체가 신이란 뜻이다. 〔사람〕이란 어원은 인도 말 〔자이람〕에서 빌려온 변음사로 〔그대는 신이다〕라는 뜻이다. 그렇다면 감히 누가 신의 유무를 의심 할 것이며 신의 존재여부를 가지고 가타부타하고 망언을 할 수 있겠는가!

하지만 세속의 어리석은 마음들이 있는 한 신神에 대한 확인성 질문은 영원히 끝나지 않을 것이다. 신의 존재는 무슨 물건처럼 있다 없다 하는 식으로 생각하면 도저히 알 수 없다. 왜냐하면 어떻게 있을 수도 없고, 어떻게 없을 수 도 없는 우리들의 본성이기 때문이다.

지혜로운 사람들은 신을 이렇게 이해한다. 자기 눈을 스스로 못 보듯, 신은 육안으로는 볼 수 없고 마음으로 느낄 수는 있으나 잡을 수는 없다.

어디라 할 것 없이 충만 되어 있는 신성을 어림할 수 있는 좋은 예로써, 지구상에 있는 모든 인종과 짐승들 그리고 심지어 미생물까지를 일정한 공간에 가득 넣어두면, 이들의 암수가 자식을 낳아서 반드시 각양각색의 뭇 생명들이 그 공간 속에 가득 차게 된다.

이 모양을 보고 나면 그들의 영혼이 그 공간에 본래부터 있었다 없었다 하는 식의 시종 없는 말장난을 누가 하겠는가?

그 공간에 신이 실로 없었다면 그들의 영혼은 도대체 어디서 왔겠는가. 그러면 그들의 아비나 어미가 애들의 영혼을 본래 가지고 있었다면 어느 곳에 숨겨 놓았다가 그들의 육체에 영혼을 집어넣었단 말인가?

본디 그러한 영혼이 없었다면 어떻게 그들이 느끼고 생각하고 말하며 움직이는 생명체를 낳겠는가. 무신론자들처럼 신이 없다면 나무토막 같은 돌덩이를 생산했어야 옳지 않겠는가?

　실로 신이 허공에 가득 하다면 달 같은 혹성에서도 생명체를 낳을 수 있지 않겠는가? 있다! 적자생존이란 말이 있듯이 어떤 생명체든 그 환경에 적응할 수 있는 특성만 갖추면 생존할 수 있다.

　천상세계는 오염 투성이인 인간을 받아들이지 않는다. 천상은 지극히 깨끗한 무공해의 신성만을 받아들인다. 거기에는 인간 생리가 부정되고 깨끗한 행복의 조건을 갖춘 자들만이 가득하다. 악조건으로 가득한 지옥의 혹성세계도 마찬가지이다. 그러한 악조건이 갖추어진 자들만을 받아들인다.

　이와 같이 무량세계에 무량 영생의 감성을 따르고 환경을 따르는 신성은 불가사의로, 위로는 극락세계와 지락의 열반을 이루고, 밑으로는 아비지옥과 극악한 무간지옥을 만든다.

　그러므로 지혜로운 자는 신성의 신비를 깨닫고 신을 의심하는 인간의 무지를 멀리 한다.

　사실 인간세상 사람들에게 천상세계 사람을 소개한다는 것은 맹인에게 하늘에 달이 있다는 사실을 확인시키기보다도 더 어렵다. 그것은 반딧불이 태양 빛을 볼 수 없듯이 빛의 차원이 다르기 때문이다.

　천상사람과 지상 사람의 공덕차이가 태양 빛과 야광성의 반딧불과 같다.

　그런데 수십 년 전부터 미국 등 선진국에서 E.T라는 이상한 동물을 영상 매체에 등장시켜 가면서 다른 천체에서 온 외계인이라 법석을 떠는 바람에 천국의 이미지가 엄청나게 손상을 입었다.

　세상에서 아무리 못난 사람이라 하더라도 죽은 송장 곁에는 가지 않는다. 빛나는 광자光子로 육신을 갖추고 있는 천상 사람이 피고름으로 만들어진 지구인들 곁에 어떻게 가겠는가. 무엇보다도 지독한 냄새 때문이란다. 세상에 물도 정화가 되고 증발되면 수증기가 되듯이, 빛도 천상의 빛은 맑고 밝고 감미롭고 향기롭다. 이 같은 빛으로 화생한 저들의 색신이 피와 고름과 똥으로 가득한 인간을 어떻게 가까이 하겠는가.

　천상 사람은 흡사 텔레비전 화면에 나오는 사람처럼 빛으로 된 몸이어서 육신이라 하지 않고 색신色身이라 한다. 빛으로 된 색신은 반영구적인 불변성을 가지고 있기 때문에 천상 사람은 오래도록 장수한다.

　주야가 무색한 천상 사람의 색신은 세상에서 말하는 엑스선이나 감마선보다도 더 밝고 투명하여 어디든 걸림이 없으므로, 그들의 몸은 천상천하를 자유롭게 비행한다. 이러한 사실을 보지 못한다 하더라도 상상이라도 해 보라! 절로 경이로움에 경배심이 우러날 것이다.

　그래서 참선공부를 잘하시는 스님이나, 기도 잘 하시는 신부님들의 처소에는 세상에선 볼 수 없는 서광이 자주 일어난다. 그것은 천상 사람들이 잠깐씩 수도사들의 처소에

강림하시기 때문이다.

  그 순간 그분들의 처소에는 신비스러운 빛으로 온 대지와 산천이 환하게 발광을 하게 되는데, 졸지에 천지가 대낮같이 밝으면서 주위가 묘한 향기로 가득하다. 그때 이 모양을 먼데서 혹 보게 되면 큰불이 난 집으로 착각하게도 된다.

  천신들의 이같은 위신공덕을 잘 모르는 지구촌 사람들은 바닷물 속에나 밀림 속에 있을 법한 고릴라 같은 괴물을 영상매체에 등장시켜, 특공대들과 일전을 벌이는 전쟁놀이를 볼라치면 참으로 가관이다.

  불경에 보면 천상과 지구 사이에는 전쟁광인 '아수라'가 있다고 한다.

  그러나 그들은 몸이 어찌나 큰지 히말라야산이 배꼽 밑에 돌고, 저마다 오신통五神通이 구족하여 인간하고는 게임이 되지 않는다. 미국의 오락프로에 자주 등장하는 E. T.말고도 선하고 악한 가루라, 긴나라, 마후가라, 인비인人非人이라고 하는 사람 같으면서도 사람은 아닌 무리가 있다고 한다.

  물론 우리들 육안에는 안 보인다. 이러한 사실을 부처님은 잘 밝혀 놓으셨다. 이같이 환히 밝혀 놓으신 대각 세존의 말씀을 알지 못함으로써, 저 높고 신선한 우주에다 대고 선전 포고를 하는 웃지 못할 공상과학으로 어린이들에게 세뇌시키고 있는 현실이 서글프다. 우리는 인류의 장래를 위해서라도 어린이들에게 파멸의 투쟁이 아닌 성인들의 무한한 사랑의 고행을 보여 주어야 한다.

공상과학자들에게 조언해 두는 바는, 불경을 좀 보시라는 말씀이다.

불경을 보면 천상 사람은 여자의 자궁으로 태어나는 게 아니고, 밝은 의식의 의지에 따라 졸지에 화생化生한다는 사실을 알게 될 것이다. 텔레비전의 화면에 나오는 인물처럼 말이다.

부처님 말씀에 온갖 존재는 다 허망이요 허무며 환상이니, 텅 빈 공으로 보라는 무상관無相觀이 있다. 이러한 마음공부를 잘하는 사람은 저 천상세계를 이웃집 다니듯 하게 된다. 그렇다 보니 외계인이나 신을 이웃집 아저씨처럼 친밀하게 만난다.

어쨌든 선진 제국의 공상 과학자들이 신비세계를 밝히는 과정에서 한편으로는 인류의 정신세계에 많은 공헌을 해 온 것은 사실이다. 그 덕분에 지구촌 양반들의 관심 밖이었던 정신세계와 부처님의 각성세계를 논리학에 물든 저들에게 과학적으로 이해시키는데 큰 업적을 남겼다.

부처님께서 말씀하신 우주관과 중생관을 세상의 지성인들에게 심령과학적 측면에서 귀띔해준 그분들의 공로를 우리는 잊을 수 없다.

나무 사만다 못다남 옴 도로도로 지미 사바하

  이 진언을 뜻으로 의역意譯을 하면 '중심을 편안하게 위로하는 진언'이 된다. 오방은 사방의 한 가운데 중심이 된다. 그 오방은 다름 아닌 만류 중생의 마음자리를 철학으로 밝힌 말이다. 그 마음의 중심성을 입체적으로 표현한 정신철학 용어다. 음양 오행설에서 중심을 오토중방五土中方이라 한다.
  중심이 되는 우리의 마음은 항상 밖으로 주위환경에 끌려 다닌다. 그렇다보니 은연중 자신의 중심을 망각하게 된다. 자기 자신의 중심을 상실했을 때 온갖 불행이 몰려온다.
  그러므로 스스로 자기 자신의 중심을 분명히 깨달을 때 혼란스러운 삶으로부터 해방된다. 자신의 오방, 중심이 편안하면 천하가 극락이고 그렇지 못하면 지옥이다. 바로 그 중심을 각성케 하여 안과 밖을 동시에 편안하게 위로해 주는 진언이 오방내외 안위 제신 진언이다.
  이 진언을 외우게 되면 오방내외를 전체로 자각하는 묘명심을 얻는다. 그러므로 자연히 속된 마음은 사라지고, 안과 밖이 온통 영원한 평화로 가득해진다. 이러한 마음이 가득한 심산유곡의 단청집으로 잠깐 들어가 보자.
  예불을 맡은 노전 스님네는 따뜻한 살결들이 깊이 잠든 꼭두새벽에 별보고 일어나야 한다. 그것은 새벽 별이 뜰 때가 세존께서 대각을 하신 그날 그 영광의 순간이기 때문이다.

제자들로선 언제까지나 앙모해 마지않는 절대절명의 시간이다.

  초학으로 이 새벽시간을 감당하기는 힘든다. 강한 신심으로 먹장 같은 잠 구름을 헤치고 사자 같은 용맹으로 태산같은 몸뚱이를 일깨울 때, 굳건한 신념의 냉철한 용기가 없다면 밤이 주는 육신의 행복과 심신에서 들끓는 감미로운 욕망의 아우성을 어찌 감당하겠는가.

  첫사랑의 이별만큼이나 아쉬운 잠결을 청산의 생수로 풀어 헤치고 불심하나로 각성이 들면, 법당 앞에 나아가 정례하고 유정한 목탁에다 초성을 가다듬어 절 도량을 돌고 돌며 천수경을 읊어낸다.

  새벽에 떠오르는 샛별처럼 초롱초롱한 의식으로 깨어있던 석존은 마침내 그 시각에 대각大覺을 하셨다. 그날 그 새벽, 그 순간의 영광을 흠모하며 찬탄 발원하자고 예불을 알리는 스님네의 도량석 염불소리에 화엄성중은 춤추고, 제불 보살님들은 환희에 겨워 미소를 머금는다. 이런 의미에서 우리 다같이 염불해 보자.

  오방내외 안위 제신진언
  나무 사만다 못다남 옴 도로도로 지미 사바하(세번)

개경게開經偈 (경전을 펼치는 게송)

무상심심 미묘법無上甚深 微妙法
      위없이 깊고 미묘한 가르침
백천만겁 난조우百千萬劫 難遭遇
      백천만겁에 만나기 어렵네
아금문견 득수지我今聞見 得受持
      제가지금 듣고보고 지니오니
원해여래 진실의願解如來 眞實義
      원컨데 여래의 진실한뜻 이해케 하소서.

원문原文을 세간법世間法으로 번역하면 위와 같은 발원문發願文 형식의 해석이 된다.
  그러나 이 글을 출세간법으로 의역意譯을 하면 훨씬 불법의 진수에 가까운 해설이 된다.

무상심심미묘법無上甚深微妙法
  위도없고 밑도없는 미묘한법은
백천만겁난조우百千萬劫難遭遇
  백천만겁 시간에선 만날수없네
아금문견득수지我今聞見得受持
  지금속에 나의진실 듣고보나니
원해여래진실의願解如來眞實義
  여래님의 진실한뜻 알겠나이다.

개경게開經偈는 부처님의 일대사를 밝히는 시

개경게의 높고 깊고 넓고 먼 뜻을 사유해 보기 위해서 꽃의 열매와 같은 법화경法華經으로 눈길을 돌려보자. 실로 무상심심미묘법은 법화경 밖에 없다. 법화경에서 부처님이 세상에 나오시게 되는 네 가지 큰 목적에 대하여 밝히신 바 있다. 먼저 그 네 가지 목적의 내용을 알아야만 개경게의 전체적인 의미를 조금이라도 알 수 있게 된다.

부처님께서 세상에 오시게 되는 네 가지 큰 목적, 즉 일대사一大事를 밝힌 경문의 말씀을 그 골자만 따서 후세 사람이 말하기를 개開·시示·오悟·입入이라 한다. 이것을 간명하게 밝힌 시가 개경게문開經偈文이다. 그 개경게開經偈의 게문偈文에서 무상심심미묘법無上甚深微妙法은 부처님께서 중생들에게 부처님의 지견을 열어 보인다는 개불지견開佛智見에 해당된다.

그래서 팔만장경의 첫 장을 넘기면 개불지견에 해당되는 서품이 나온다. 여기에 나오는 그 경의 연기설에는 부처님께서

언제, 어디서, 누구와, 무엇을, 어떻게, 왜 설하시는가를 밝히고 있다. 이것을 육성취라고도 하는데,
믿고〔信〕·듣고〔聞〕·때〔時〕·주제〔主〕·어느 곳〔處〕·대중〔衆〕의 모임을 말한다. 모든 경전은 이와 같은 육하원칙六何原則에 의하여 편집되어 있다.

 더욱 놀라운 사실은 석존께서 스스로 깨닫고 보시는 영험의 세계를 듣지도 보지도 못한 중생들에게, 세존께서 성도하신 성불의 세계를 대신통 광명으로 일일이 다 나타내어서 일체 중생들로 하여금 다 보게 하신 점이다. 이와 같은 시청각 방편은 모든 대승경전에서 볼 수 있다. 이것이 개불지견이다.

 부처님 재세시에 세존께서 직접 대중들에게 보였던 신비스러운 깨달음의 세계를 후세 사람들에게도 보여주기 위하여 절에 가면 후불탱화나 벽화 혹은 조각으로 많이 전시해 놓았다.

 이렇게 모양으로 보여 깨닫게 하는 교화방편을 상법불교라 말하며, 이것이 개불지견의 한 표현방법이 되고 있다. 개불지견은 오늘날 영상매체로 어떤 진실을 비추어 보는 것과 유사한 것이다. 부처님 재세시에는 세존께서 스스로 양 눈썹 사이에 있는 미간백호(眉間白毫:하얀털)로 빛을 발하거나 금색신에서 발광하는 전신의 광명으로 제불세계와 온갖 영혼세계의 여러 가지 모습을 낱낱이 실제로 보이셨다. 이러한 사실을 기록한 경전을 우리는 지금도 읽고 있다.

부처님의 몸에서 일어나는 묘명한 이 광명장 안에는 일체 모든 타방 국토와 무량한 우주세계의 천왕들 그리고 일체 성중과 신중들 그리고 무간 지옥까지도 다 드러나 보인다.

부처님은 스스로 몸에서 발광하는 대신통 광명으로 일체중생에게 모든 진실을 다 보여 주셨다. 이 광명장 속에서는 일체 모든 것이 환히 다 드러나는데 심지어 눈먼 사람도 다 보게 하셨다. 이것이 개불지견開佛智見이다. 이러한 불지견은 성불하신 세존이 아니고는 누구도 나툴 수 없는 대 불가사의이다.

바로 그 성불하신 세존의 일대사를 찬양한 시가 개경게라고도 볼 수 있다. 그래서 개경게문을 일대사의 원문에 대비시켜보면 다음과 같다.

無上甚深微妙法
무상심심미묘법 : 위도없고 밑도없는 심심한 미묘법은
　　　　　　　　　　개불지견開佛智見의　〔開〕

百千萬劫難遭遇
백천만겁난조우 : 백천만겁 시간속에선 만나기 어려워라
　　　　　　　　　　욕시중생欲示衆生의　〔示〕

我今聞見得受持
아금문견득수지 : 내가 지금 나의 진실을　듣고 보노니
　　　　　　　　　　오불지견悟佛智見의　〔悟〕

願解如來眞實義

원해여래진실의 : 여래의 진실한 뜻을 이해하겠나이다.

입불지견入佛智見의 〔入〕

모든 부처님께서 세상에 오시는 네 가지 큰 목적을 일대사一大事라 하고 일대사를 불사佛事라 한다. 불사란 지존의 역사로서 모든 부처님들께서 하시는 일이다.

석존께서 깨달음을 얻으시고, 스스로 다 보고, 다 아시는 지견을 대승보살들에게 보이셔서 대각세계를 밝히신 『화엄경華嚴經』의 기록은 개불지견에 해당된다.

일반 『아함경阿含經』이나 『방등경方等經』은 욕시중생에 해당되고, 『반야경般若經』과 『원각경圓覺經』은 오불지견에 해당되며, 『법화경法華經』과 『열반경涅槃經』은 입불지견에 해당된다.

세존이 아니시곤 도저히 누구도 할 수 없는 이 네 가지 지견도를 불사佛事라 하는데, 적어도 『유마경維摩經』에서 유마거사가 보이신 이적과 기적 정도는 나툴수있어야 요즘 흔히 말하는 불사라 할 수 있다.

그런데 언제부터인가 일반 사찰이 토속신앙화 되면서부터 절 짓고 등상불이나 탑을 조성하는 일들을 불사佛事라 하고, 심지어 고기 몇 마리 사다가 물에 띄우는 방생행사까지를 불사라 하니, 참으로 기막힌 일이다. 이런 경우는 공덕을 짓는다는 의미로

작복행사作福行事라 하든지, 절의 건축물 보수공사나 신축공사를 할 경우에는 평범한 속칭이 싫으면 봉축사奉築事 혹은 성조사聖造事라 부르는 것이 합당하다.

참으로 안타까운 일이다. 하루 속히 법안이 있는 법사들께서 불사의 본래 뜻을 바로 잡아 주어야 한다. 현대불교의 큰 병폐의 하나가 온 산야시중山野市中에다 비단같은 절을 짓는 일이다. 이 모양으로 사암공사寺菴工事하는 일을 보고 불사라 말한다면 '앗! 불사不事다.' 세속의 평범한 용어도 함부로 남용하게 되면 언어가 가진 고유한 성에 의하여 그 말대로 반드시 '길·흉·화·복'을 받는데, 항차 법명(法名:진리의 이름)에 있어서랴!

일대사一大事에 대한 해설로는 중국 천태지자대사天台智者大師가 중국 사람들의 언어감각에 알맞게 그 뜻을 잘 밝히신 바 있다. 일대사에 대한 일반적인 해설은 법화경에서 누구나 알아듣기 쉽게 명쾌히 밝혀 놓으셨다.

개開는 '개불지견開佛智見'의 원문에서 개開자만 따온 말로서 석존께서 중생들의 탁한 소견을 부처님의 눈과 같이 청정케 하기 위하여 세상에 나오시며,

시示는 '욕시중생欲示衆生'이란 원문에서 시示자만 따온 말로서 부처님께서 보시는 불지견의 세계를 중생들에게 보여 주기 위하여 세상에 나오시며,

오悟는 '오불지견悟佛智見'의 원문에서 오悟자만 따온 말로서

중생들로 하여금 부처님의 지견을 깨닫도록 하기 위하여 세상에 나오시며,

입入은 '입불지견도入佛智見道'란 원문에서 입入자만 따온 말인데, 중생들로 하여금 불지견佛智見의 도道로 인도하기 위하여 세상에 출현出現하신다는 뜻이다.

이와 같이 부처님께서 세상에 오시는 큰 목적이 일대사一大事이며, 부처님이 보시는 불지견佛智見을 펴시려고 세상에 오신다고 한다. 그래서 부처님께서는 우리들로 하여금 오로지 한가지 도道, 즉 일대사 불지견一大事 佛智見의 세계로 모조리 들어가는 길을 경전에서 잘 설해 놓으셨다. 특히 오늘날과 같이 말 많은 말세 중생들에게는 더더욱 간곡하게 부처님의 가르침을 따르기를 바라셨다. 그런데 오늘날 불교는 누구의 지견인가? 참으로 이것이 화두話頭로다.

인류 역사상 석가세존 외에도 숱한 각자覺者들이 왔다가 가셨다. 그 중에서도 예수님이나 달마, 최근에 왔다 가신 라즈니쉬같은 분은 대단한 각자이시다. 그러나 그분들은 석가세존처럼 불지견을 제자나 중생들에게 보여 주지를 못했다. 그분들은 불타처럼 무량공덕 장엄의 보신(報身:공덕의 몸)과 대신통 광명장의 법신(法身:열반의몸)과 자연지自然智, 여래지如來智, 불지佛智를 두루 갖춘 화신(化身:조화의 몸)을 성취하지 못했다. 그러므로 그분들은 일대사의 불지견은 없었다. 다만 대보살들이 수행해야만 할 육바라밀의 만행은

갖추고 계셨다.

알라! 최상승법의 '불지견佛智見'으로 개경게開經偈를 본다면, 심심한 미묘법인 깨달음이 높고, 낮고, 깊고, 먼 공간 속에 숨통 터지게 있을 리 만무하다. 이러한 속된 눈으로 진리를 찾는다면 백천만겁이란 긴 시간 속에서도 세존께서 깨달았다는 시공초월의 불지견을 제 아무리 찾아본들 발견될 리 만무하다. 전체로 다 보고 다 아는 묘각의 불지견은 시공 속에는 없으므로 그렇게 찾거나 구한다면 득도란 요원할 뿐이다.

빙글빙글 돌아가는 시계바늘 같은 윤회심으로 어떻게 허공같이 무동하고 거울같이 훤히 다 드러내 보이는 불지견을 만날 수 있겠는가. 또한 만나고 헤어질 수 있는 성질의 것도 아닌 묘각성은 '가고 오고, 있고 없는' 시공을 벗어나 있다. 그러므로 분별 망심을 딛고 높이 날아야 한다. 그래야만 불지견이 열리는 개경게開經偈가 들린다. 그래서 개경게는 무상심심미묘법無上甚深微妙法으로 들어가는 절의 일주문과 같은 의미의 게偈이다.

개경게로 들어가기 위해서는 지금 당장 콧구멍으로 숨쉬는 숨간을 지켜보라. 그 숨간을 통하여 자신의 자성의 소리를 들어보라. 휴식도 없이 헐떡이는 숨쉬는 사이에는 시공時空을 초월해 있는 나의 진아眞我가 샛별같이 깨어 있다. 예민한 감각으로 은밀히 들어보라. 감성의 몸인 수음의 촉감으로

예리하게 느껴보라.

  몸 아닌 느낌의 중음신으로 묘한 각성의 법신을 더듬거려
보라. 그러면 지금 거기에 무시無時로 깨어 있는 '참 나'가
윙크할 것이다. 사념의 수풀을 헤치고 지묘히 편안한 얼굴로
자기내면의 저쪽에서 그대의 본 면목이 손짓하리라. 지극히
행복한 각성을 등지고 생을 두고 괴로워해 왔던 우리의 마음이
환희로 녹아드는 순간 '아금문견득수지我今聞見得受持'가 된다.
그래서 '아금문견득수지'는 부처님의 지견을 깨닫는
오불지견悟佛智見의 오도송悟道誦이 되고 있다.

  개경게의 게송이 전하고자 하는 진실한 뜻을 이해치 못한다면
어떻게 여래의 진실한 뜻을 알겠는가!

  게송에 담긴 뜻과 같은 우리 자신의 본묘각을 비록
체험하지는 못했다 하더라도, 이치로 깨닫는 해각解覺이라도
있어야 깨달음을 얻어 가지는 '아금문견득수지'가 된다. 자기의
진실한 내면을 듣고 보고 느끼는 순간 곧 오불지견이 되므로,
자연히 입불지견入佛智見으로 들어가 여래가 설하신 대장경의
진실한 뜻을 모두 이해하게 된다.

  그러므로 원해여래진실의願解如來眞實義는 입불지견의
대각송大覺誦이 되고 있다. 자신의 깨달음이 여래의 묘각으로
녹아드는 무극의 절정을 읊은 시다.

  자고로 각자들에게는 공통된 웃음이 있다. 그것은 깨달음이

일어나는 순간 절정에서 느끼는 감회가 희유하기 때문이란다.
졸지에 저 무한대의 우주가 거품처럼 활짝 깨어져 열리면서
새로운 각성의 묘명속으로 삼라만상이 꿈처럼 사라짐을 보고는,
오랜 세월동안 기구한 악몽에 시달려온 자신이 하도 우스워서
박장대소한다는 사실이다.

  그렇게도 악착같이 매달려왔던 저 우주와 세계가 조금
전까지만 해도 부정할 수 없는 사실이었는데, 뜻밖에도 잠결
같은 환각이 활짝 벗어지는 순간 억척같이 믿어 왔던 현실이
온통 꿈이란 사실이다.

  무명이란 마음속에서는 분명히 절실하던 현실의 세계가, 마음
밖의 빛나는 각성 안에서 보면 실속 없는 꿈이었다는 사실을
난생 처음 느껴보는 그 기분이 어떨까?

  지금 막 잠을 깨어 부수고 후닥닥 일어나 보라. 악몽이든
길몽이든 도무지 허무맹랑하여 무어라 생각해 볼 가치조차 잃고
'허허!' 하고 웃고 말 것이다. 우리가 생을 두고 애착해온 마음을
박살내지 않고는 꿈은 분명히 있는 것이다. 꿈속에는 천당과
지옥 같은 온갖 잡동사니가 실재하게 마련이다.

  그러나 지금 여기에 무상심심미묘법無上甚深微妙法의 대각의
우주선이 우리를 기다리고 있다. 각성의 세계로 가는
반야용선이 우릴 기다리고 있다.

  위도 없고 밑도 없는 '무상 심심 미묘한 법' 즉 '깨달음의
우주선'은 칠흑같이 검고 핵같이 굳은 강건한 마음을 핵연료로

하여, 꿈의 집인 마음의 세계를 박차고 날아간다. 저 원통의 우주선은 조만간에 여래장에 착륙하게 되고 여래장에 안착하는 순간, 새삼스럽게 백천만겁난조우百千萬劫難遭遇를 근심하겠는가!

그러므로 하루 속히 영구안락의 안전지대, 깨달음의 불지견으로 어서 입문하자. 불지견으로 들어가는 문은 지금 여기에 있다. 공간을 초월하는 추상학의 시, 무상심심미묘법無上甚深微妙法과 시간을 건너뛰는 백천만겁난조우百千萬劫難遭遇가 그것이다.

지금 여기란 시공時空의 사이다. 이 시공의 틈을 헤집고 지혜로운 영혼이 빠져나가면, 시공時空의 대명사 세계와 영혼을 두루 포옹하고 있는 진실한 여래의 불지견이 그대를 오도悟道의 시, 아금문견득수지 원해여래진실의我今聞見得受持 願解如來眞實義로 반겨 주리라.

이와 같은 해설은 워낙 높고 깊어서 서툰 필치로는 오해의 위험이 뒤따르지만 할 수만 있다면 불경은 최대한 이렇게 뜻으로 의역을 해야 한다. 그래야 초학들이 '있고·없는' 흑백 양단의 논리에 빠지지 않고, 빙글빙글 돌아가는 마음의 속성에서 훌쩍 벗어나는 불이해탈경不二解脫竟을 어림이라도 하게 된다.

시간과 공간을 초월한 분들이 노래한 시방삼세(十方:공간, 三世:시간) 밖에는 항상 초롱초롱 해맑게 깨어 있는 의천義天이란 법계가 있다. 이 법계를 보는 법안으로 시방삼세를 보면 시방삼세란 시공 속에는 중생들의 마음이 세월없이 뒹굴고 있다. 우리가 이 마음을 볼 수만 있다면 얼마나 재미있을까?

우리들 마음 밖에는 절에서 보아온 후불 탱화와 같은 본묘각이 저마다 자성이라 고집하는 마음을 속속들이 비추고 있다. 이렇게 빛나고 있는 본묘각을 조금만 의식해도 빙글빙글 돌아가는 윤회심에 맞추어 불경을 보고 마음의 속성에 합리화시켜 불경을 해석하는 어리석음을 범하지는 않을 것이다.

그러므로 자연히 대장경의 활자 뒤에서 미소짓고 있는 제불의 '법·보·화' 삼신을 보게 되고, 이렇게 각관 함으로써 저절로 우주적인 마음의 두터운 벽을 훌쩍 뛰어 넘어 묘하게 항상 밝아 있는 여래장如來藏으로 단숨에 들어갈 것이다.

이렇게 사유하며 불지견으로 들어가는 것이 귀의불歸依佛의 개불지견開佛智見이고, 이렇게 불경을 보는 것이 귀의법歸依法의 욕시중생欲示衆生이며, 이렇게 수행하여 깨닫는 것이 귀의승歸依僧의 오불지견悟佛智見이요, 마침내 무여열반으로 들어가는 이것이 입불지견入佛智見이다.

이와 같은 일대사一大事를 펼 수 있는 분은 반드시 세 가지 이적을 보이셔야 한다. 그 세 가지는 이 세상에 탄생하실 때 반드시 왕자로 탄생하셔야 하고, 탄생하시는 순간 벌떡 일어나 시방 칠십보十方 七十步를 걸으셔야 하며, 왼손과 오른손으로 천상 천하를 가리키시며 "천상천하 유아독존 삼계개고 아당안지天上天下唯我獨尊 三界皆苦 我當安之"라 말씀하셔야 한다.

이렇게 세 가지의 기적을 보이신 분이라야 만법의 중심이 되며 삼밀가지三密加時의 밀행密行을 하실 수 있는 분이다.
인류역사상 오직 석가세존만이 그렇게 하셨고, 그렇게 하셨으므로 일대사一大事를 실행하실 수 있었다.

이와 같이 탄생하셔야 만법의 중심이 되고, 만법의 중심이 된다는 의미로 좌수·우수로 천상천하를 가리키신다. 이러한 분이라야 그분의 말씀은 무엇이나 경經이 될 수 있다. 그래서 후세 사람들은 부처님의 말씀만을 글 경經자를 써서 경전經典이라 말하고 있다. 이 기회에 부처님의 말씀만을 경전이라 할 수 있는 기본조건을 밝혀두는 바이다. 왜냐하면 세상 사람들은 별생각 없이 경經자를 쓰기 때문이다. 경經자 자체가 '날줄 경' 자로서 방위로 보면 수직을 의미한다. 수직은 존재법칙에 있어서 만법의 중심이 된다. 중심은 모든 것의 기본이 된다.
출생 즉시 칠십보를 행치 못한 여타의 성자들의 말씀은, 성서聖書라고는 할 수 있어도 경이라 칭할 수 없음도 기억해 두면 이 또한 아름다운 지혜요, 성인의 도에 미덕이 될 것이다. 진정한 성인 공자님은 자신의 말씀을 경經이라고는 하지 못하게 하셨다. 예수님의 말씀도 성서라고는 할 수 있어도 성경이라 할 수는 없다.
조계종 집안에서는 육조할배의 어록을 육조단경六祖檀經이라 이름하고 있다. 이것을 육조어록六祖語錄으로 고쳐야 육조 할배도 기뻐하실 것이다. 육조 할배는 해탈과 해탈지견까지는 달관하고 있으나 불지견佛智見에는 들지 못했기 때문이다.

　유마거사 같은 분은 뭇 성자들에게 불지견을 마음대로 보일 수 있었지만, 그분의 말씀을 경이라고는 할 수 없었다. 그럼에도 유마경維摩經이라고 전해오는 것은 부처님께서 처음부터 끝까지 입회를 하셨고, 석존께서 직접 유마경이라 하라고 인가를 하셨기 때문에 경經이라 해도 아무런 하자가 없다.

　여래장 가운데는 언어다라니가 있다. 언어다라니의 생명은 문리文理인데, 경문經文의 문리文理를 잘 모르면서 예우에만 급급한 나머지 경經자를 함부로 쓰게 되면 무례가 된다. 그래서 보살들이나 성문제자 아난이 부처님께서 설하신 경명經名에 대하여 깊은 관심을 보이신 것은, 언어 다라니의 깊고 높고 넓고 먼 무량의를 알기 때문이다. 그러므로 필자 또한 선각자들의 눈부신 무량혜無量慧를 더듬고 있는 것이다.

개법장진언開法藏眞言
(여래장 안으로 들어가는 진언)

"옴 아라남 아라다 (3번)"

여래장如來藏으로 들어가는 개법장開法藏 진언眞言을 외움으로 해서 어두운 마음이 불종성佛種性의 바다로 들어가게 된다.
　중생의 심성은 다섯 종류가 있다고 하셨다.
외도종성外道種性·범부종성凡夫種性·이성종성(二性種性:나한. 벽지불)·보살종성菩薩種性·불종성佛種性이 그것이다.

　성불하는 성도의 길에 있어서 무엇보다 중요한 것은, 내자신의 마음이 이 다섯 종성 가운데 어느 종성에 가까운지를 생각해 보아야 한다. 왜냐하면 보살종성이나 불종성이 아니면 성불을 하지 못하기 때문이다. 성문·나한·벽지불 같은 분들은 상당한 도를 이루었지만, 보살종성으로 들어가기 전에는 대각을 이룰 수 없으므로, 부처님께서는 『법화경 수기품』에서 그들에게 '언제쯤 성불할 것이다.'라고 수기를 주셨던 것이다.

이와 같이, 부처님으로부터 수기를 받기 전에는 불종성에
들어갈 수가 없다.
　그러므로 불종자인 보살종성은 부처님들의 금빛 나는 손끝을
통한 진언에서 화생한다. 하지만 사상이나 신앙에 이리 저리
끌려 다니는 어리석게 순박한 양떼 같은 범부종성들은 다라니를
외우는 정구업의 선근善根에서 불성佛性이 잉태된다.
　간 큰 외도종성들처럼 '내 마음이 곧 부처이거니' 하는
자만은 제발 버리자. 그래도 유감이 있다면 스스로 자기 마음을
돌이켜 보라. 캄캄한 그대의 마음이 보일 것이다. 캄캄한 그
마음을 가지고 성불할 수 있는 불성이라 고집한다면, 어둠이
빛을 볼 수 있다고 고집하는 것과 무엇이 다르겠는가!
　이같은 답답이들을 위하여 부처님께서는 특별조치법을 개발해
두셨다. 그것이 다름 아닌 이 천수경이다. 이 천수경의
개법장진언은 중생종성을 부처님의 열반 바다로 단박에 뛰어
들게 한다.
　여기 다섯 종성 가운데에서 불종성으로 회향하기가 심히
어려운 종성은 '외도종성'이라고 부처님께서는 말씀하셨다. 돌은
금이 될 수 없듯이, 외도종성은 무지의 맹신으로 굳어 있으므로
어찌할 도리가 없으나, 그래도 그들을 위한 부처님네의
대비원력이 별도로 있다고 들었다.
　여기서 우리는 불종성으로 들어가자. 지금 마음이 불성으로
탈바꿈되면, 깊은 잠에서 깨어나듯 깨달음의 불지견이 확 열릴

것이다. 그렇게 영광된 불과佛果는 얻지 못한다 하더라도 성불의 길이 확실히 보장된다.

성불이 보장될 때 비로소 육안肉眼으로는 볼 수도 없고 상상도 하지 못했던 환한 불지견이 열려, 눈부신 여래장에 훌륭하게 장엄된 불국토가 그대를 반기리라.

성불을 하게 되면, 마음으로 보고 느끼는 그 대각의 세계가 어떠한지를 부처님의 마음이기도한 보살마하살들께서 밝혀 놓은 경이 있다. 그 경은 화엄경인데, 부처님네의 세계를 자세히 밝히고 있다. 불국토라 말하는 대각의 세계는 석존께서 한없는 세월동안 난행 고행으로 성취하신 공덕과 신통과 지혜로 장엄한 빛나는 화장세계華莊世界이다.

화장세계는 대각하신 여래의 보신寶身이기도 하다. 이 여래의 보신을 보살 마하살들이 저마다 독특한 견지에서 보고, 우리들에게 그 불지견의 세계로 들어가는 길을 다방면으로 광장설하셨는데, 그 경의 이름을 대방광불화엄경大方廣佛華嚴經이라 이름했다.

이 화엄경의 세계로 들어가는 진언이 개법장 진언이다. 경전을 열고 들어가면 모두 성불할 수 있는 불종자로 화생하게 된다. 그 진언은 "옴 아라남 아라다"이다.

『옴』 대각의 화장세계가 드러나리라.
『아라남』 다 앎의 불지견이 드러나리라.
『아라다』 다 보고 다 듣는 불지견이 활짝 열려 오리라.

천수천안 관자재보살 광대원만 무애대비심 대다라니
千手千眼 觀自在菩薩 廣大圓滿無碍大悲心 大多羅尼

발원과 서원과 소원

  천수경은 부처님의 무한한 자비와 신통과 지혜와 공덕을 담아놓고 그것을 중생들로 하여금 입으로 찬탄 발원하고 수지 독송하게 하여 그 신통과 지혜와 복덕을 받아쓰게 한 신비로운 경문이다. 그러므로 우선 발원發願과 서원誓願에 대한 이해가 앞서야 한다.

  특히 불경 가운데 일반 지식인들의 눈길을 곱지 않게 하는 경문이 있다면 그것은 『천수경』일 것이다. 왜냐하면 산야시중山野市中 곳곳에 끼어 있는 무속인들이 한결같이 불상을 모셔놓고 북치고 징치며 천수경문을 외워서 신풀이를 많이 한다는 점 때문일 것이다.
  천수경의 내용도 들여다보면 어디서 어디까지가 본래 천수경인지 알 수 없다. 일반 불자독송집 안에는 온갖

자연신自然神을 숭상하고 강신기원降神祈願하는 요식절차의
예문이 가득 실려있다. 이러한 기복성 예경문은 본래 천수경
다라니와는 아무상관도 없다. 마치 보리수에 가시나무를
접목시킨 꼴이 되어 있다. 이러한 모순을 무릅쓰고 민속신앙의
예경문을 함께 편집한 천수경은 온갖 미신의 온상처럼 잘못
인식되어 왔다.

 앞으로는 천수경의 원문 내용을 제외한 여타의 부분은 과감히
삭제해 버려야 옳다. 그런데 이같은 바람직한 천수경 책이
세상에 다수 나와 있으므로, 절집의 얼굴마담격인 천수경의
본래 뜻을 만인에게 새롭게 인식시켜 줄 수 있고
지성사회로부터 천수경에 대해 새로운 시각에서 신뢰도를 높일
수도 있어 흐뭇하다.

 여기서 서원誓願과 발원發願과 소원所願에 대하여 생각해 보자.
 이 단어들은 백번 들어도 같은 내용의 말 같다. 하지만
서원과 발원은 발음이 다르듯이 뜻 또한 조금씩 다르다.
 서원이나 발원은 대체로 자신의 뜻을 편다는 의미에서는 같은
입장이다. 먼저 서원은 부처님이나 거룩한 이, 혹은 많은 대중
앞에서 스스로 무엇을 어떻게 실천하겠다는 의지 표명의 거룩한
약속이고, 발원은 우주 대자연계나 온갖 생명들에게 자신의
목숨과 육신 그리고 재물을 하나도 아낌없이 다 바쳐
헌신하겠다는 거룩한 희생정신의 의지표명이다. 한마디로

발원發願은 조건 없는 자기 희생의 길이다.
 그러나 소원所願은 글자 그대로 말하면 '소망을 바란다.'는 뜻이다. 소인들이 자기 자신의 행운이나 사회로부터 영달을 바라는 마음으로 영험이 있다는 신으로부터 소망성취의 신험神驗을 엎드려 비는 마음이 소원이다. 그래서 '구하는 바'에서 '바 소所'자를 따고, 여기에 '바랄 원願'자를 합쳐 소원所願이라 쓰고 있다.
 불교를 공부하는 사람은 무엇보다 마음에 바라는 소망이 하나도 없어야 한다. 물론 소망도 소망 나름이지만.
 서원이나 발원은 자신의 신앙 앞에 스스로 맹세하면 된다. 그래서 마음을 비운다는 기도祈禱가 굳이 필요치는 않으나 인위적으로 해결할 수 없는 소원이 있을 때는 자신이 믿는 신앙 앞에 엎드려 절하고 기원하는 기도가 절대적이다.
 실제로 기도를 잘하는 참신한 신행자는 온갖 신성으로부터의 신험이 있고 없고를 떠나서, 스스로 마음을 허공처럼 비우는 희생정신으로 소리 없이 산다. 세상에 두려울 것이 없어 제 잘난 맛을 즐기는 안하 무인들은 스스로 믿음이 없음을 자랑하며, 오히려 무종교란 불신의 방망이로 소박한 믿음의 기복행자들을 마구 매질한다. 그러나 사람이라면 누구나 기도를 해보아야 한다. 그래야 마음의 잡초가 된서리를 만난 풀잎처럼 녹아버린다. 번뇌의 잡초가 한풀 꺾일 때, 그때야 비로소 우주에 실재한 신비를 느낄 줄 안다.

우주에 실재한 모든 신성은 인연과 자연과 화합이라는 세
가지 조건이 끊어진 절대차원이므로 인연으로 생긴 만법의
상식으로는 알 수 있는 바가 아니다. 신은 우리들의 텅빈
가슴에만 담기는 속성이 있기 때문에 마음을 비우는 정신공법의
기도가 절대적으로 필요하다.

그러므로 성취욕으로 가득찬 흉금을 지극한 정성으로 깨어
부수고 벌집 같은 머리통을 신전 바닥에다 박살을 낼때, 신비로
빛나는 행운의 신이 무아로 비워진 자리에 임한다.

그래서 기도祈禱란 낱말의 어원이 귀띔하는 바와 같이,
'마음을 비우고 비우다.'는 뜻에서 '빈 공空'자의 의미를 빌린 '빌
기祈'자와 '빌 허虛'자의 의미를 빌려 '빌 도禱'자를 쓰고 있다.

실제로 기도祈禱를 해보면 흙탕물 같던 탁한 마음이 고요히
가라앉아 의식이 명경明鏡처럼 명료하게 맑아진다. 그래서
뜻하지 못했던 묘한 심경과 의식도 무의식도 아닌 비몽사몽간
같은 영적 신비경에서 묘한 영험을 많이들 한다.

불자라면 초발심때 한 두 번은 기도를 해보았을 것이다.

기도를 해본 사람이라면 마음을 비우는 정신 수양이 얼마나
절대적이며 또한 얼마나 어려운가도 잘 체험했을 것이다.
이상하게도 마음은 조금만 정신집중을 하려고 들면 상상치도
못했던 엄청난 망상으로 심신고뇌心身苦惱가 파도처럼 밀려든다.
무슨 힘겨운 물건을 지고 선것도 아니고 그렇다고 누가
코밑에서 어려운 수학공식을 단박에 풀어내라는 것도 아닌데

스스로 무엇에 쫓기는 사람처럼 남모르게 긴장되고 공연히 짜증이 나고 속이 상하여 금방 권태증이 몰아 닥친다.

종교세계도 세속과 다름없이 온갖 이단 잡설의 도사가 바글거린다. 그들의 혼란스러운 말만 듣고 어디메쯤 있다는 도통의 세계를 설정해놓고는 악몽을 꾸는 사람처럼 발악적으로 그 어디메를 향하여 무작정 달려본다. 피로한 영혼의 몸은 태산같이 무겁고 정진하는 두 다리는 투덜대는 번민으로 땅바닥에 딱 달라붙어 떨어질 줄 모른다. 이 모양으로 애끓는 욕구로 심신을 불태우다 보면 결국 자기와의 싸움에서 엄청난 댓가를 지불하고 나서야 비로소 영적인 무언가를 조금 얻어 가진다. 물론 자기 망상과의 싸움이지만 다행히 자기 의지가 자신의 심신고뇌에게 승리했을 때, 그 때만 거기에 상응하는 신기한 영험을 간혹 맛본다.

이렇게 힘들고 역겨운 자기와의 싸움을 체험하고 나서야 지극히 짧은 순간의 아쉬운 보리심菩提心을 맛본다. 누구나 보리심을 짧은 순간이라도 맛본다면 영원히 조건 없는 평화의 마음을 잊지 못할 것이다.

바로 이 묘한 지복의 심경을 깊이 신뢰하고 수지하라. 은밀하고 정미로운 이 심경이야말로 우리를 평화의 나라로 인도해 주는 '심보心寶요 보리심'이다.

기도로써 혹 맛보는 경안한 이 심경을 우리는 보리심菩提心이라 말한다. 보리심은 조건 없이 환희롭고 편안하다. 이같이 맑고 밝은 심경에서 온갖 소망이 저절로 성취되는 복덕성을 얻는다.

  누구나 지극정성으로 피나는 기도를 하다보면 사념이 녹고, 몸과 마음이 절로 텅 비어진 가운데서 만덕 만선을 잉태한 넉넉한 행복을 맛보게 된다. 그러므로 마음을 비우고 또 몸뚱이를 잊어버리는 기도가 얼마나 고귀한 보물인지, 기도를 실제로 해보지 않은 사람은 이 같은 말을 들으면 정신이상자로 취급하며 비웃는다.

  불자 필독서『천수경』도 몸과 마음을 비우는 기도문인 동시에 중생들의 탁한 마음들을 불심으로 정화시키는 신비서이다.

  우리는 밤낮으로 중얼거린다. 낮으로는 의식의 꿈인 생각들이 입을 통하여 수다를 떨고, 밤으로는 생각의 환영들이 별의별 꿈을 다 만든다. 이 모양으로 세월없이 무진장 소비해 버리는 중생들의 그 입의 에너지를 가지고 신성한 초차원의 신통력으로 재활용할 수 있는 비법을 석존이 밝혀 놓으셨다.

수능엄경 제6권 관세음보살의 이근원통
首楞嚴經 第六券 觀世音菩薩의 耳根圓通

종교는 신복의 문이다. 신복의 문은 장한 신심 하나로 성불하게 되는 염불문이다. 이 염불문은 대중성이 있으므로 대승도라고도 말할 수 있다.

오랜 전통을 이어온 관음신앙의 『천수경』독송문은 누구나 쉽게 수행할 수 있는 대승도이다. 대승불교라 할 수 있는 염불 수행의 문은 불 보살佛菩薩의 이름 하나만 지극한 마음으로 염하면 염불삼매에 들어가 성불한다는 가르침이다.

더 쉽게 말하면 입 하나만 가지면 도통道通도 할 수 있고, 마침내 성불도 보장되는 정구업淨口業진언 '수리수리 마하수리 수수리 사바하'의 길이다.

그 신행의 교본이 『천수경』이다. 그러므로 『천수경』의 교주이신 '관음보살님과 염불로 득도한 대세지보살'이 어떤 보살인지를 먼저 알고 있어야 한다.

많은 경전을 보면, 경전마다 관세음보살觀世音菩薩은 항상

입회하고 계신다. 그렇기에 우리는 관음보살을 깊이 이해하여야
경전을 보는데 많은 도움이 된다.

사실 불자독송본佛子讀誦本『천수경』의 내용만으로는 실제
관음보살을 알 수 없다. 보살이 성도하신 내력과 구체적으로
보살이 어떻게 수행하여 그와 같은 위신공덕력威信功德力을 얻어
베푸시는가에 대한 시원한 해답을 얻기 위해서는 두권의
대승경전을 참고하여야 한다.

그 첫째가 『수능엄경首楞嚴經』이고,

두 번째가 『묘법연화경妙法蓮華經』이다.

먼저 『수능엄경』이근원통품耳根圓通品을 보게 되면, 관음보살과
대세지보살이 밝히신 수행 이력과 성도하여 원통자재하시게
되는 신통 묘용의 기록이 경문에 있다. 아득한 과거의 신화
속에 신기루처럼 여겨왔던 관음보살과 대세지보살의 육성을
직접 들어볼 수 있는 경문이다.

그 다음은 부처님께서 직접 관세음보살의 위신공덕력을
칭양찬탄하시고, 일체중생 모두가 관음보살의 이름을 부르고
신수봉행할 것을 말씀하신 『묘법연화경妙法蓮華經』의 관세음보살
보문품觀世音菩薩 普門品이다.

이 『법화경』의 보문품은 한국불교 관음신앙의 모태경이다.
불교집안에서는 『법화경』보문품만을 소의삼경 가운데 하나로
받들어 모시고 있다. 이 외에도 누구나 읽어야할

대승경전大乘經典에도 관음보살이 등장하므로 주의 깊게
보살의 육성을 들어보면 반드시 관음의 진신이라 할 수 있는
묘각 가운데 원통자재력성을 알 것이다. 아울러 묘각의
자력慈力을 총칭한 대세지보살의 염불삼매가 무엇인가도 알
것이다.

　석존 재세시에 세존께서 유독 수지 독송키를 권장하시고 고무
찬양하신 『천수다라니경千手多羅尼經』과 『수능엄경首楞嚴經』
관세음보살의 『이근원통품耳根圓通品』, 그리고 대세지보살의
『염불삼매품念佛三昧品』은 꼭 기억해 두길 바란다.

　또, 불경에 있어서 꼭 수지 독송해야 할 필독삼경必讀三經이
있다. 화엄경華嚴經의 보현행원품普賢行願品, 법화경法華經의
보문품普門品, 원각경圓覺經의 보안장菩眼章으로서 성불할
그날까지 항상 곁에 두고 수시로 읽어 보아야 할 경이다.

　그러면 관음보살과 대세지보살은 어떻게 성도 하셨을까?
　석존釋尊앞에 관세음보살觀世音菩薩과 대세지보살大勢至菩薩이
법신法身으로 등장 하시어, 광대원만
무애대비심대다라니廣大圓滿 無礙大悲心大陀羅尼를 성취하시게 된
근본 인행因行과, 시방 법계 염불중생을 성불로 이끌어 들이는
염불삼매법을 『수능엄경』에서 밝히셨다. 그러면 관세음보살과
대세지보살의 말씀을 경청해 보자.

이때에 관세음보살이 자리에서 일어나 부처님의 발에 절하고 사뢰었다.

세존이시여, 저는 생각해 보니 수 없는 항하사 겁전에 부처님께서 세상에 출현하셨으니 이름은 관세음이셨나이다. 저는 그 부처님에게서 깨달을 마음을 내었는데, 그 부처님께서는 저에게 듣고·느끼고·돌이켜 의식하는 문聞· 사思·수修로부터 몸과 뜻과 의식이 침몰하고 난 다음에 일어나는 깨달음의 경지 삼마지三摩地에 들라고 가르쳐 주셨습니다. 처음에는 온갖 소리를 느끼는 청각聽覺으로 생각이 흘러 들어가니 바깥에서 나는 일체 소음이 없어지고, 소리와 듣는 청각이 이미 고요한 데로 들어가니 진동으로 일어나는 소리와 침묵의 고요가 마침내 일어나지 않았습니다.

동정動靜의 두 가지 고요와 소음을 느끼는 의식으로 거슬러 들어가니 전체로 깨닫는 각성이 뚜렷한 가운데 듣는 청각이 사라지고, 듣는 의식이 다 소멸된 상태에서 이를 깨닫는 각성이 텅 비어 졌나이다. 텅 비어진 각성이 아주 원만하여져서 공한 그 자체까지 사라졌나이다. 그러므로 '나타났다·없어졌다' 하는 생멸심生滅心은 이미 없어진지라 묘각妙覺의 거울 앞에 적멸이 나타났나이다.

그때 홀연히 세간世間과 출세간出世間을 초월超越했습니다.

문득 우주가 활연히 열리니, 시방이 뚜렷이 밝아지면서 두

가지 수승함을 얻었나이다.

　하나는 위로 시방의 모든 부처님의 본묘각심本妙覺心과 합하여져서 일체 중생을 굽어살피시는 인자하신 힘과 동일하게 됨으로써 부처님의 자력慈力과 동일한 것이요.

　둘째는 아래로 시방의 일체 육도중생과 합하여져서 우러러 슬피 사모하는 비앙悲仰하는 마음이 같아졌나이다.

　세존이시여, 저는 관세음여래를 받들어 모시면서 그 부처님께서 가르쳐 주신 환상과 같은 소리를 듣고, 그 듣는 청각을 돌이켜 의식함으로써 소리와 청각을 여의고 의식을 부수어 삼매에 들어가는 문훈聞熏 문수聞修의 금강삼매金剛三昧로 부처님과 동일한 자력慈力과 비앙悲仰하는 자비력慈悲力이 같아졌습니다.

　이 자비력으로 제 몸을 삼십이응신三十二應身이 되게 하여 모든 국토에 들어가나이다.

　세존이시여, 만약 모든 보살들이 맘과 뜻과 의식을 따르는 마음을 벗어나 샘이 없는 삼마지에 들면 수승한 이해가 원만하게 나타나도록 제가 부처님의 몸을 나투어 그를 위해 법을 설하여 해탈케 하나이다.

　만약에 모든 번뇌를 제거해야 할 마음이 남은 유학들이 수행을 하여 묘하게 밝은 적정이 뚜렷이 밝아지면, 수승하고 영묘한 것이 원만하게 나타나도록 제가 그의 앞에 독각獨覺의 몸을 나투어 그를 위하여 법을 설해 해탈케 하나이다.

　만약 모든 유학有學들이 무無에서 유有로 유에서 무로 끝없이 열두 단계로 악순환 하는 십이인연十二因緣의 근본 무명인 마음을 끊으면 십이인연이 용해溶解된 수승한 성품이 드러납니다.

　이 성품을 초월한 묘각성이 뚜렷이 드러나도록 제가 그의 앞에 연각의 몸을 나투어 그를 위하여 법을 설해 해탈케 하나이다.

　만약 모든 유학들이 괴로움의 근본인 '나' 라는 고집苦集이 본래 없다는 공空함을 얻고 공을 없애는 적멸寂滅의 도에 들고자 하면 수승한 성품이 원만하게 나타나도록 제가 그의 앞에 성문聲聞의 몸으로 나타나서 그를 위해 법을 말하여 해탈케 하나이다.

　만약에 모든 중생들이 끝없이 애태우다 허무에 좌절하는 애욕의 마음을 분명히 깨달아 음욕을 채우는 음란한 자위행위를 범하지 않고 몸을 청정하게 하고자 하면 제가 그의 앞에 범왕梵王의 몸으로 나타나서 그를 위하여 설법해 해탈케 하겠나이다.

　만약 중생들이 하늘에 주인天主이 되어서 모든 하늘을 거느리고자 하면　제가 제석帝釋의 몸을 나투어 그를 위하여 법을 설해 그것을 성취하게 하나이다.

만약에 중생들이 몸이 자재自在하여 시방에 마음대로
다니고자 하면 제가 그의 앞에 자재천自在天의 몸을 나투어
그를 위해 법을 설해서 그로 하여금 성취하게 하나이다.

만약에 중생들이 몸이 자재하여 허공을 마음대로
날아다니기를 원한다면 제가 그의 앞에 대자재천大自在天의 몸을
나투어 설법을 하여 그로 하여금 성취케 하나이다.

만약 중생들이 귀신을 거느리고 국토를 구호하고자 하면 제가
그의 앞에 천대장군天大將軍의 몸을 나투어 그를 위해 설법을
해서 성취케 하나이다.

만약 중생들이 세계를 통솔統率하고 중생을 보호하고자 하면
제가 그의 앞에 사천왕四天王의 몸으로 나타나서 법을 설해
그로 하여금 성취하게 하나이다.

만약 중생들이 천궁天宮에 태어나서 귀신 부리기를 원한다면
제가 그의 앞에 사천왕국四天王國의 태자太子몸으로 나타나서
설법하여 그로 하여금 성취하게 하나이다.

만약 중생들이 인간의 임금 되기를 원하면 제가 그의 앞에
국왕國王의 몸으로 나타나 설법해서 그로 하여금 성취케
하나이다.

만약 어떤 중생이 씨족 중의 족장이 되어서 세상이 받들어
주기를 원한다면 제가 그의 앞에 장자長者의 몸으로 나타나서
설법해 제 스스로 성취하게 하나이다.

만약 중생들이 훌륭한 말을 하면서 청정하게 살기를 원한다면 제가 그의 앞에 거사居士의 몸으로 나타나서 설법하여 제 스스로 성취하게 하나이다.

만약 중생들이 나라를 다스려 지방의 제도를 바로 잡고자 하면 제가 그의 앞에 제관帝官의 몸으로 나타나서 법을 설해 제 스스로 성취하게 하나이다.

만약 중생들이 모든 술수를 배워서 자신의 건강을 잘 지키면서 자유롭게 살기를 원한다면 제가 그의 앞에 바라문婆羅門의 몸으로 나타나 설법하여 제 스스로 성취하게 하나이다.

만약에 어떤 남자가 학문을 좋아하고 출가하여 모든 계율을 지키고자 하면 제가 그의 앞에 비구比丘의 몸으로 나타나서 설법하여 제 스스로 성취하게 하나이다.

만약 어떤 여자가 학문을 좋아하고 모든 금계禁戒를 지키고자 하면 제가 그의 앞에 비구니比丘尼의 몸으로 나타나 설법하여 제 스스로 성취하게 하나이다.

만약 어떤 남자가 오계五戒를 지키면서 살려고 하면 제가 그의 앞에 우바새優婆塞의 몸으로 나타나 설법하여 제 스스로 성취하게 하나이다.

만약 또 어느 여자가 오계를 지키며 자유롭게 살려고 하면 제가 그의 앞에 우바이優婆夷의 몸으로 나타나서 그에게 법을 설해 성취하게 하나이다.

  만약에 어느 여인이 입신출세하여 나라와 가정을 잘 다스리려 하면 제가 그의 앞에 왕후王后나 왕비王妃 또는 대신大臣의 부인夫人등의 몸으로 나타나서 그를 위해 설법해 제 스스로 성취하게 하나이다.

  만약에 어느 중생이 남자로서 성관계를 갖지 않으려 하면 제가 그의 앞에 동자童子의 몸으로 나타나 그를 위해 설법해 제 스스로 성취하게 하나이다.

  만약에 어떤 처녀가 정조를 지키며 살기 위하여 난폭한 사내들로 하여금 강탈을 당하는 일이 없기를 바라면 제가 그의 앞에 어린 소녀의 몸을 나투어 설법하여 제 스스로 성취하게 하나이다.

  만약 어느 하늘 사람이 그 하늘의 무리에서 벗어나고자 하면 제가 그의 앞에 하늘 사람〔천인天人〕의 몸으로 나타나 설법하여 그로 하여금 성취하게 하나이다.

  만약에 어느 용龍들이 그 용들의 무리에서 벗어나고자 하면 제가 용龍의 몸으로 나타나 법을 설해 그로 하여금 성취케 하나이다.

  만약 어떤 약차藥叉가 본 무리에서 벗어나고자 하면 제가 그의 앞에 약차藥叉의 몸을 나투어 설법해 성취하게 하나이다.

  만약 어느 춤추고 노래부르는 건달바乾闥婆들이 그 무리에서 벗어나고자 하면 제가 그의 앞에 건달바乾闥婆의 몸으로 나타나 법을 설해서 그로 하여금 성취하게 하나이다.

만약 어떤 경쟁을 좋아하는 아수라阿修羅가 그 무리에서 벗어나고자 하면 제가 그의 앞에 아수라阿修羅의 몸으로 나타나서 법을 설해 성취하게 하나이다.

만약 긴나라緊那羅가 그의 무리에서 벗어나고자 하면 제가 그의 앞에 긴나라緊那羅의 몸으로 법을 설해서 그로 하여금 성취하게 하나이다.

만약에 어느 마후라가摩睺羅迦가 그 무리에서 벗어나고자 하면 제가 그의 앞에 마후라가摩睺羅迦의 몸으로 나타나 법을 설해서 스스로 성취하게 하나이다.

만약 중생들이 인간을 좋아하여 사람의 길을 닦고자 하면 제가 사람의 몸으로 나타나 법을 설해서 성취하게 하나이다.

만약 모든 사람 아닌 것들이 형체形體가 있거나 형상이 없거나 생각이 있거나 생각이 없거나 간에 각기 그 무리에서 벗어나고자 하면 제가 그들의 앞에 그들과 같은 형체로 나타나서 법을 설해 그들로 하여금 성취하게 하나이다.

이것이 묘하고 청정한 서른 두 가지의 응화신應化身입니다. 이것은 저 중생들이 생각하는바 뜻대로 몸을 나투는 응화신으로서 온갖 국토에 들어가는 불가사의한 몸이 옵니다.

이렇게 되어지는 것은 다 소리를 돌이켜, 듣는 성품을

의식하는 문훈문수聞熏聞修 금강삼매金剛三昧의 힘입니다.

　이것은 무엇을 어떻게 하고자 해서 되어지는 것이 아니고 금강삼매의 묘한 힘으로써 시방삼세 일체 육도 중생들과 위로 부처님을 애절히 우러러 사모함이 같기 때문에 저 모든 중생들로 하여금 제 몸과 마음에서 14가지의 두려움이 없는 공덕을 얻게 하나이다.

　일一은 제가 스스로 소리를 듣지 아니하고 듣는 청각聽覺을 마음의 눈으로 의식함〔관觀〕으로써, 저 시방十方의 고뇌하는 중생들로 하여금 그들의 내면內面의 소리와 음성을 관하여 해탈을 얻게 하나이다.

　이二는 소리를 돌이켜 청각을 의식하듯 보는 것을 돌이켜 보는 자를 봄〔의식한다는 뜻〕으로써 중생들로 하여금 큰불에 들어가도 그 불이 능히 태우지 못하게 하나이다.

　삼三은 듣는 청각聽覺을 마음의 눈으로 관하여 듣는 소리를 묘각성 쪽으로 회복시킴으로써 모든 중생들로 하여금 큰물에 표류하더라도 그물에 빠지지 않게 하나이다.

　사四는 듣는 자를 듣는 것처럼 망상을 마음의 눈으로 관하면 망상이 관하는 느낌 속으로 사라지듯 이렇게 망상을 끊어 없애서 마음에 살해할 생각이 없으므로 일체 중생들로 하여금 모든 귀신의 나라에 들어가도 능히 침해하지 못하게 하나이다.

　오五는 들리는 소리를 돌이켜 청각을 의식하면 청각과 의식이 동시에 증발합니다. 이때에 참된 들음 즉 관음觀音이 됩니다.

이렇게 되면 육근六根도 동시에 녹아 소리를 돌이킴과 같아지므로 중생들이 칼이나 총탄에 피해를 당하게 되어도 총칼이 조각조각 부서지고 흉기들이 마치 물을 베는 듯, 빛을 베는 듯 하여 타고난 성품이 조금도 동요됨이 없게 하나이다.

육六은 들음을 돌이켜 의식하는 각성覺性이 밝아져서 태양이 우주를 비추듯 정미로운 밝음이 법계에 두루 하면 모든 암울한 어둠의 성질이 능히 온전할 수가 없는 것과 같이 중생들로 하여금 약차, 나찰, 구반다, 비사차, 부단나 따위의 곁에 가더라도 그것들이 눈으로 볼 수도 없게 하나이다.

칠七은 소리의 성품이 완전히 사라지고 듣는 것을 돌이켜 들어가서 모든 허망한 현상을 여의므로 중생들로 하여금 꽁꽁 묶이는 계박繫縛과 자유롭지 못하게 하는 구속이 저들을 해치지 못하게 하나이다.

팔八은 듣는 소리가 없어지고, 소리가 있고 없음을 두루 다 듣는 문성聞性이 원만하여져서 인자한 힘을 두루 냄으로써 중생들이 험한 길을 지나더라도 절대로 도적이 겁탈劫奪하지 못하게 하나이다.

구九는 밖에서 들리는 잡다한 소리를 돌이켜 청각인 각진覺塵을 여의었으므로 눈으로 보이는 육감의 색상이 본심을 빼앗지 못하므로 모든 중생으로 하여금 음란한 탐욕을 멀리 여의게 하나이다.

　십十은 각성으로 듣는 묘음妙音이 순수하여 소리나 청각인 티끌이 없어 졌습니다. 그러므로 이근耳根의 안과 밖과 상념인 중간의 경계가 서로 용해되어 원융하여져 이것과 저것이 상대될 것이 없으므로 모든 분노와 원한 많은 중생으로 하여금 성냄이 없게 하나이다.

　십일十一은 소리와 청각과 의식이 소멸되어 묘명한 본각으로 돌아가서 우주 세계인 법계와 몸과 마음이 마치 유리처럼 걸림 없이 밝게 사무쳐 장애가 없으므로 모든 어둡고 우둔한 혼돈성으로 꽉 막힌 아탄티카阿顚迦들로 하여금 어리석고 암울한 치암병痴暗病을 영원히 여의게 하나이다.

　십이十二는 모든 현상들이 들음 속으로 회복되었으므로 깨달음의 도장道場에 앉아서 조금도 움직이지 않고, 내 몸이 세간에 들어갑니다. 내 몸이 어디라 할 곳 없이 들어가지만 바깥 세계는 조금도 손상되지 않습니다. 이와 같이 시방에 두루 몸을 나투어 작은 먼지수 같은 모든 부처님을 공양하고 그 모든 부처님의 법왕자法王子가 되었습니다.

　그러므로 법계에 자식 없는 중생으로서 아들을 구하면 그들에게 복덕과 지혜를 겸비한 아들을 낳게 하나이다.

　십삼十三은 육근이 원만하게 한결같이 밝게 비춤이 하나같이 동일하여 코라 입이라 몸이라 하는 등의 분별이 없어져서 안팎으로 두루 통하여 시방 세계를 머금었습니다.

그래서 온갖 것을 두루 비춰 드러내 보이는 원형질적인 둥근 거울과 같은 대원경大圓鏡과 허공과 묘각의 진공이 적멸해 버린 공여래장空如來藏에 들었습니다.

그러므로 시방 미진수 여래의 빈틈없이 가득한 무량한 진리의 문을 수순隨順하여 빠짐없이 받아 들였습니다.

이로 말미암아 법계에 자식 없는 중생으로서 딸을 구하는 자에게는 단정하고 유순하여 세상 사람들이 사랑하고 존경하는 복덕 많은 잘생긴 딸들을 낳게 하나이다.

십사十四는 이 삼천대천 세계에는 해와 달이 백억인데 이 모든 세계에 다음에 부처가 될 62항하사 수의 법왕자가 현재 세간에 머물면서 법과 같이 모범을 보이고 저 중생들을 교화하나이다.

각기 중생들의 뜻을 따라 지혜로운 방편으로 구제함이 같지는 않습니다. 제가 얻은 두루 다 통달한 그 수행의 근본은 귀로 하여금 묘한 깨달음이 열렸습니다.

귀로써 묘각의 문이 열리자 몸과 마음이 미묘하게 시방 법계를 머금었습니다. 그러므로 중생들이 제 이름만 불러도 앞에서 말한 62항하사 수의 법왕자의 명호를 모두 다 부른 공덕과 똑 같아서 그 복덕이 다를 것이 없습니다.

세존이시여, 저 한사람의 이름이 저 여러 보살들의 이름과

다를 바 없는 것은 제가 참다운 원통을 닦아 익혔기
때문입니다. 참된 원통의 덕력으로 위와 같은 열 네 가지
무외력無畏力을 베풀어서 중생들을 복되게 하나이다.

　세존이시여, 제가 이 원통을 얻고 위없는 도를 닦았으므로
또 네 가지 생각할 수 없고 말할 수도 없는 사부사四不思議한
묘한 덕력德力을 얻었는데, 그것은 제 스스로 어떻게 하고자
해서 되어지는 것이 아니고 그들의 염력念力여하에 따라
어떻게 한다는 생각없이 다양하게 이루어지게 하는
무작묘덕無作妙德이나이다.

　첫째는 제가 도를 닦을 때에 귀로 듣는 것이 아니고,
미묘하게 마음으로 들음을 얻고, 마음으로 들음이 정미로워져서
들음에서 홀연히 벗어나 보고·듣고·깨닫고·아는
견見·문聞·각覺·지知가 보는 것은 듣지를 못하고, 듣는 귀는
보지를 못하고, 감각적인 몸은 보고 듣지를 못하고, 앎은
육근六根이 없으면 앎이 없습니다. 그러나 견·문·각·지가
저마다의 독특한 기능이 원융하게 하나같이 통달하여, 청정한
보각寶覺을 이루어 서로 막힘이 없어졌습니다.

　그러므로 저는 여러 가지로 묘한 용모를 나타낼 수 있고,
한량없는 비밀신주秘密神呪도 설하나이다.

　혹은 머리를 일수一首, 삼수三首, 오수五首, 칠七, 팔八, 구九,
십일수十一首 이와 같이 일백팔수, 천수, 만수, 팔만사천의

삭가라 머리를 나타내기도 하고, 팔을 둘, 넷, 여섯, 여덟, 열,
열둘, 열넷, 열여덟, 스물, 스물넷에서 백여덟, 천, 만, 팔만
사천의 모다라 팔을 나타내기도 하며, 눈을 둘, 셋, 넷,
아홉에서 백열여덟, 천, 만, 팔만사천의 청정한 보배로운 눈을
나타내기도하고, 혹은 자비로운 모습으로 혹은 위엄찬모습으로
혹은 선정에든 모습으로 혹은 혜안으로 중생을 구호하는데 크게
자재함을 얻었나이다.

둘째는 제가 들음을 느끼는〔문사聞思〕것이 강건너 불보듯하여
육감의 육진을 벗어난 것이 마치 소리가 담에 걸리지 않은 것과
같으므로 제가 마음대로 여러 가지 형상을 나타내고, 여러 가지
주문을 외워서 그 형상과 그 주문으로 모든 중생에게 두려움
없음을 베품으로 시방의 미진수 국토에서는 저를 두려움 없음을
베푸는 자라 하나이다.

셋째는 제가 본래로 두루 통하는 묘명한 청정본근淸淨本根을
닦아 익혔으므로 가는 세계마다 모든 중생들로 하여금 자신의
몸과 진보珍寶를 아낌없이 버리고, 저에게 사랑으로 불쌍히
여겨 주길 바라나이다.

넷째는 제가 불심佛心을 얻어 구경究竟까지 증득하고, 지극한
마음으로 진보로써 시방 여래께 갖가지 공양을 올렸으므로
아래로는 법계의 육도 중생에게까지 베푸는 마음이 미치어서,
누가 아내를 구하면 아내를 얻고, 아들을 구하면 아들을

얻으며, 장수하기를 원하면 오랜 삶을 얻고, 삼매를 구하면 삼매를 얻으며, 이렇게 마침내 대 열반을 구하면 대 열반을 얻게 하나이다.

부처님께서 두루 다 통하는 원통圓通의 수행을 물으시니 저는 귀로 들어오는 소리를 돌이켜 두루 다 의식하는 원조삼매圓照三昧를 닦을 때에 인연 따라 흐르는 반연심攀緣心을 돌이켜 자재를 얻고, 삼마제三摩提에 들어 보리菩提를 성취하는 것이 제일인가 하나이다.

세존이시여, 저 관세음 여래께서 제게 원통의 법문을 잘 얻었다고 찬탄하시고 대회중에서 저에게 수기 하사 관세음이라 하셨사온데 제가 닦은 '듣는 자를 주시'하는 이 관청觀聽이 시방에 두루 밝으므로 관세음이라는 이름도 시방에 가득 펴지게 되었습니다."

그때 사자 좌에 앉으신 세존世尊께서 오체五體로 부터 보배광명을 놓아 시방의 미진수 같은 부처님들과 모든 법왕자인 보살들의 정수리에 대시었고 저 모든 부처님들께서도 미진수 같은 세계에서 오체로부터 보배 광명을 놓아 비추시니 여기 계시는 부처님과 이 회중에 모인 모든 대보살과 아라한의 정수리에도 보배 광명을 대시었다.

동시에 산림 초목과 못물 웅덩이 늪까지도 모두 진리를 말하였고 제불의 광명이 서로 교차되어서 그것은 마치 보배로

짠 그물과 같았다.

  이에 모든 대중들이 세상에서 듣지도 보지도 못했던 신기한 미증유未曾有를 실제로 듣고, 보고 모두 금강 삼매를 체험하고 터득했다. 동시에 하늘에서 청·황·적·백의 백보연화百寶蓮花가 비오듯 하니, 시방의 허공이 온통 칠보의 빛으로 찬란하였다.

  이때에 이 사바세계는 보이지도 않고 시방의 미진수 세계가 하나의 세계로 합성된 것만이 보이는데, 이 하나의 우주 세계가 하나의 오케스트라가 되어 연주자도 없이 저절로 범패梵唄와 가영歌詠이 울려 퍼졌다.

  지금까지 여러분들은 수능엄경 제6권 관세음보살의 이근원통품을 읽었다. 이 품은 관세음보살이 관세음 여래를 받들어 모시면서 그 부처님께서 가르쳐 주신 환상과 같은 소리를 듣고, 그 듣는 청각聽覺을 돌이켜 의식함으로써 소리와 청각을 여의고 의식을 부수어 삼매에 들어가는 문훈聞薰, 문수聞修의 금강삼매로 부처님과 동일한 자력慈力과 비앙悲仰하는 자비력이 되었다고 했다.

대세지보살의 염불삼매念佛三昧

　생을 바쳐 석경사업釋經事業에 종사하신 대덕님들께 늘 감사한 마음을 올린다.
　정말 난해하기 짝이 없는 한시형식으로 작문된 경전을 우리 국문으로, 그것도 최대한 알기 쉽게 잘 밝혀 주신 석학들의 덕분으로 우리는 수월하게 수능엄경首楞嚴經의 뜻 속으로 들어가, 불교가 무엇인가를 조금은 짐작할 수 있다.
　많은 한글 장경중에도 더없이 은혜로운 수능엄경은 불교 과학서이고, 불교 교리를 이치로 잘 밝힌 불교철학서이기에 불자들은 반드시 읽어야 할 필독서이다. 이 경속에서는 관세음보살의 육성을 직접 읽을 수 있다. 경에서 밝힌 바에 의하면 보살은 이근원통耳根圓通으로 수행하시어 걸림 없는 자비와 신통을 얻고, 중생을 마음대로 구제할 수 있는 이치를 정신철학精神哲學으로 잘 밝히고 있으며 아울러 대세지보살의 염불삼매 성불설도 있다.
　그 경문을 의역意譯하고자 한다.

원문의 내용을 필자가 다소 지나치게 뜻으로 풀어 해석한 부분이 많음을 독자께 양해를 구하면서 대세지보살大勢至菩薩의 육성편도 들어보자.

대세지보살은 관세음보살의 아우와 같은 분으로서 서방정토 극락세계 아미타불을 좌우에서 서로 같이 보필하고 계시며, 염불 중생을 섭수하여 성숙시키는 대보살大菩薩님이시다.

두 보살님의 수행한 방편은 서로 달라도 같은 점이 많은데, 염불문念佛門의 주불이신 아미타불을 보좌하시면서 염불하는 중생들을 극락으로 인도하시어 성도시켜 주시는 보살님들이시다.

불자독송집佛子讀誦集인 천수경의 핵심을 바로 알자면 이 두 보살을 깊이 이해하고 있어야 한다.

제불의 밀어인 진언이나 주문을 우리말 뜻으로 이해하려는 어림없는 바람보다는, 양대 보살의 육성을 직접 들어보는 것이 성불의 대도大道로 들어가는 바른길이 될 것이다. 대세지보살이 말씀한 염불삼매론경문을 들어보자.

그때에 대세지 법왕자보살이 같은 보살 지위에 있는 동기 25보살과 함께 자리에서 일어나 부처님 발에 절하고 사뢰었다.

"저는 생각하니 과거 항하사겁 전에 부처님께서 세상에 출현하셨는데 그 부처님의 명호는 무량광無量光이셨나이다. 그

뒤를 이어서 12여래가 일겁一劫동안에 출현하셨는데 그 마지막 부처님은 초일월광超日月光이셨나이다.

이 부처님께서 저에게 염불삼매를 가르쳐 주셨는데 염불삼매의 공덕에 대하여 다음과 같은 비유를 하셨습니다.

'예를 들면 한 사람은 일심으로 생각하나 다른 한 사람은 전혀 그를 생각하지 않는다면 여기 두 사람은 만나도 만나는 것이 아니고 보아도 보는 것이 아닌 것과 같지만, 두 사람이 서로를 생각하여 그 생각이 서로 깊어지면 설사 이 생에서 저 생으로 바뀐다 해도 형체에 그림자와 같아서 서로 어긋나고 헤어짐이 없는 것과 같다.

시방의 여래가 중생을 생각하는 것은 어머니가 자식을 생각하는 것과 같지만 만약 자식이 굳이 도망을 친다면 아무리 부모가 자식 생각을 해본들 어찌하겠느냐. 만약 자식이 어머니를 생각하되 어머니가 자식을 생각하는 것과 같다면 그 모자는 수만 생이 바뀌어도 서로 어긋나고 멀어 지지 않는 것처럼 중생들이 진심으로 부처님을 사모하고 부처님을 염원하면 현생이나 내생에는 틀림없이 부처님을 뵈올 것이며, 부처님을 친견하게 되므로 머지 않아 특별한 방편을 빌리지 않고도 스스로 마음이 열려 깨달음을 얻을 것이다.

비유하면 마치 향수를 바른 사람의 몸에 향기가 있는 것과 같다. 이렇게 염불하여 성도하는 염불삼매법을 이름하여

향광장엄香光壯嚴이라 하느니라.'고 하셨습니다.

저는 초일월광 부처님의 가르침대로 수행하여 생멸하는 마음을 주시해 보는 묘하게 깨닫는 바탕 즉 마음의 밑바탕 본인지本因地에서 부처님을 의식하여 생멸이 없는 무생법인無生法忍에 들어갔습니다.

그 이후로 지금까지 이 세계에서 염불하는 사람을 거두어서 청정법신인 마음의 땅 정토淨土로 돌아가게 하였나이다.

부처님께서 원통에 대한 저의 소견을 물으시니, 제 생각으로는 여러 가지 어렵고 복잡한 방편을 이것저것 선택할 것도 없이 육근의 감각을, 부처님을 생각하는 의식 속으로 몰입시켜 청정한 생각이 계속 되도록 하여 마침내 깨달음의 땅, 초의식初意識의 땅, 절대차원으로 가는 삼마지三摩持를 얻는 것이 제일인가 하나이다."

이상은 능엄경에서 말씀하신 대세지보살의 육성이시다. 대세지보살님은 그많은 보살님중에도 유독 처음부터 끝까지 시종일관 염불을 전문으로 하시어 다음에 성불하실 법왕자가 되신 분이다.

그러나 관세음보살님은 처음 관음불觀音佛을 만나 깨달을 마음菩提心을 결심하고 이근원통법을 전수 받아 수행 하시어

마침내 불가사의 대자대비심을 증득하셨다. 이것이 두 보살님의 수행 방편중 서로 다른 점이다.

관음보살은 득도 후에 천광왕 정주여래를 만나 신묘장구대다라니를 얻어 듣고 단박에 초지初地에서 팔지八地에 뛰어 올랐으며, 그 이후로 지금까지 무량 중생을 제도하고 계심을 읽을 수 있었다.

그러면 지금부터 대세지보살께서 염불삼매를 실천 수행하실 때에 사유하신 방법에 대하여 잘 생각해 보자.

경문에 기록된 원문은 다분히 화두선話頭禪같아 이해가 쉽지 않다. 요즈음 사람이 알아듣기 쉽게 풀어 해설하자니 원음을 손상시킬까 두렵기도 하다. 앞에서도 언급했지만, 경문의 문장이 소설적이 아니고 그야 말로 정신철학을 담은 은유 시문詩文이다.

시문의 장점은 엄청난 뜻을 간단명료하게 입력시킬 수 있다는 것이다. 흡사 반도체의 칩처럼 깨알 만한 모래알에다가 장편소설 같은 많은 뜻을 담을 수 있다. 그러나 단점으로는 시詩가 뭔지 모르는 일반 대중들은 너무 난해하여 깊은 뜻은 고사하고 얕은 의미도 더듬기 힘들다는 것이 세상 사람들의 하소연이다.

불경을 세상 사람들이 함부로 접하지 않으려고 하는 것은 바로 이 때문이다. 경문은 한결같이 시어詩語란 사실이다.

시자詩字를 파자로 풀어 보면 사寺, 언言이 된다. 곧「절, 말씀」이란 의미가 된다. 이와 같이 한시로 된 팔만대장경八萬大藏經을 일반 외국서적 번역하듯이 음역만 해 두고 있으니, 세인의 영감에 와 닿기는 커녕 일반상식의 문법에도 맞지 않아 정말 경문해설은 할 수록 태산준령이다. 그렇다고 세상 말로 쉽게 번역이 가능한 것도 아니다. 그것은 경문자체가 주술적呪術的인 불가사의를 다루고 있기 때문이다. 만리장성 같은 사설로 그 오묘한 불경의 뜻을 인간의 예지력으로 풀어 헤친다는 발상부터가 불가사의라 할 수 있다. 같은 불가사의라도 소설적으로 의역하는 것이 바람직하므로, 필자 따라 항상 대광명을 발하고 있다는 불경으로 들어가 보자.

대세지보살이 석가세존 앞에서 하시는 말씀이
아본인지我本因地 이념불심以念佛心 입무생인入無生忍

이것이 능엄경에 기록된 원문原文이다. 원문을 번역하면,
'저는 본인지에서 염불하는 마음으로 무생법인에 들어갔습니다.'라는 뜻이다.

불경에 유수한 단어 중에도 본인지本因地라는 말이나 인지심因地心이란 단어는 아무나 수월하게 이해 할 수 있는 말이 아니다.

인지因地란 말은 인연因緣을 내는 땅이란 의미로 우선 정의를 해놓고, 머리로 분석하고, 가슴으로 은밀히 느껴보면 단박에 해답이 떠오른다. 실로 그렇지 않은가. 만 가지 인연을 내고, 만 법을 실처럼 뽑아 내는 그 자리가 마음이 아니고 또 무엇이 있겠는가.

아 - 저 대지와 같은 마음의 땅은 지옥과 천당의 꿈나무를 기르고, 마왕과 부처 해탈과 열반의 꽃을 피워내는 불가사의 대륙과 같은 것이로다.

그러므로 본인지本因地는 대륙과 같은 마음의 땅이란 뜻이다. 만 법을 내는 마음의 땅을 의미한다. 이 마음의 땅에 염불하는 불심을 심으면 불국토인 정토淨土가 일어나고, 오욕五慾을 심으면 삼독三毒이 무성하게 자라 필경 삼악도三惡道의 용암이 끓어 오를 것이다.

또, '무생법인無生法忍'이란 말은 어떤 내용일까?

뭐 어려울 게 있는가. 나고, 죽고 하는 생사의 문을 들락날락 할 일이 없는 그 자리를 무생인無生忍이라 이름하지 않았겠는가. 있다, 없다, 나고, 죽고 하는 부질없는 근본은 마음의 땅이다. 마음의 땅, 본인지本因地가 없어진다면 만사 OK이다. 이치로 보면 간단하지 않은가. 땅덩이만 없어진다면 무슨 놈의 잡풀이 나겠는가. 이치를 말로 표현하기는 이렇게 쉽다. 비록 말장난이라 할지라도 진리를 희론하는 것은 삶의 질을 풍요롭게 한다. 그러나 깨달음은 일어나지 않는다. 본인지本因地의 진실한 궁극의 뜻 '요의了義'는 범부가 쉽사리 희론할 바가 아니다. 그것은 불보살의 말씀이 하고 말고를 떠난 해탈법문이기 때문이다. 본인지는 마음의 밑바탕 즉, 여래장如來藏을 말하고 있다.

  우리들 영감靈感으로 어림할 수 있는 느낌은 자신의 마음을 송두리째 알고 보는 묘한 각성覺性을 의미한다. 초롱초롱하게 깨어 있는 미묘한 의식을 말한다. 이것을 진여식眞如識이라 말하고 있다. 바로 이 은밀히 느껴지는 진여식眞如識이 곧 본인지本因地이다. 그러므로 대세지보살이 부처님을 생각하는 염불삼매에 몰입할 때의 마음의 심리상태는 매우 차원이 높았다. 경문의 내용으로는 잘 알 수는 없으나, 분명한 것은 대세지보살이 우리들처럼 소리를 내어 부처님 이름을 부른 것은 아니다. 물론 소리내어 부를 수도 있겠지만 만약 고성으로 소리내어 호명했다면 인지심에서 염불이 되어지지 않는다. 본시 염불念佛이란 글자 자체가 시사하는 바로도 부처님을 속으로 생각하는 묵상默想을 말하고 있다.

  염자念字는 내면內面의 소리 넘念자 즉, 생각 넘念자이지 성악가聲樂家처럼 고래고래 소리내어 부른다는 말은 아니다. 후세 사람들의 산란한 마음으로는 도저히 의식의 염불이 되어 지질 않아, 고성염불高聲念佛 십종공덕론十種功德論을 방편으로 주장했을 뿐이다.

　지금까지 염불이라 하면 칭얼대는 어린이처럼 회심곡조로 불보살 이름을 불러왔다. 그러므로 진정한 의미의 염불은 제대로 전수되지 못한 것이 사실이다.

　독경讀經하고, 독송讀誦하는 염불소리는 누가 들어도 처량하다. 구성진 초성으로 만생의 회포를 가득 실어 부처님께 올리는 고성염불 공덕도 참으로 갸륵한 종교음악宗敎音樂이지만 깨달음을 추구하는 각교覺敎의 입장에서 볼 때 교리상 고성염불 십종 공덕론 보다는 묵상默想의 염불이 오히려 열 가지 공덕이 더 많다 하겠다. 왜냐 하면 침묵沈默은 제불諸佛의 몸이요, 소음騷音은 만생萬生의 신음이기 때문이다.

　석존이 설하신 미타경彌陀經에 보면, 염불의 개념은 마음으로 부처님의 상호相好를 생각하는 것이다. 그래서 미타경을 관무량수경觀無量壽經이라고도 이름 하는 이유가 여기에 있는 것이다.

　거룩한 부처님의 아름다운 몸매인 32상三十二相과 80가지의 보기 좋은 기품八十種好을 찬찬히 생각하면서, 그 몸에서 일어나는 무량한 광명과 붉은 금빛 몸을 의식하는 관법觀法이 본래 염불念佛의 뜻이다.

　대세지보살이 본인지本因地에서 염불하는 마음으로 무생법인無生法忍에 들었다 함은 마음을 주시하는

인지심因地心으로 생멸없는 초월의 각성세계로 들어갔다는
말씀이다.

　그러므로, 우리들도 염불을 할 때는 부처님을 생각하며
염불을 하되 초롱초롱한 밝은 의식으로 부처님을 생각하는
상념想念을 주시하길 바란다. 대체로 '염불하는 불보살 이름만
골똘히 생각해야 한다.' 라는 말은 수천년동안 귀가 아프게
들어온 말이다.

　이것이 동양인의 정신 수행관이요, 정신집중론精神集中論이다.

　이 정신집중은 억천만년을 수행해도 안 된다. 촌각도 머물지
못하는 생각이 생각을 어떻게 붙들어 맨다는 말인가. 그것은
단지 정신분열을 불러올 뿐이다. 선정삼매禪定三昧라는 말이나
해탈열반解脫涅槃이라는 말씀은 정신이 의식 속으로 사라진
상태이지, 사념이 무의식無意識속으로 몰입해서 무감각無感覺한
상태가 아니다. 전 존재로 관조觀照되어진 상태이다.

　쉼 없이 빙글빙글 돌아가고 있는 마음을 주시하는 초월超越의
그 무엇이 선정삼매경이다. 이 경계를 해탈경계解脫境界라고도
말한다. 오직 사념을 주시하는 초월의식만이 진리로 가는
대도大道가 되고 있을 뿐이다. 이렇게 관심하는 지견이 진정한
의미의 정신집중이다. 잠시도 그냥 있지 못하고 설치는 정신을
의식하는 관심 속으로 몰입시키는 것이 정도이다.

　진실로 초월의 각성세계를 구경이라도 하고 싶다면, 정신집중

운운하는 사람들의 소리는 듣지 말고, 지금 이 순간 그대의 설레이는 망상을 촘촘히 주시하라! 그러면 그 어느 날 그 주시자注視者가 그대 고뇌하는 사념을 마음의 고향으로 데려 가리라. 독자들께서도 직접 자기 마음을 주시해보고 체험體驗을 해서 분명히 이해하길 바란다. 자기 주시의 관심觀心에서 영험되는 초월의식이 너무나 진실하여, 박장대소하며 진실불허眞實不虛라 할 것이다.

우리 생각은 잠시도 한곳에 머물지 않는다. 찰나도 꼼짝 못하게 할 수 없다. 어떤 의지의 결단으로는 제동이 걸리지 않는다. 마음을 쓰면 쓸수록 적색 분자처럼 더욱더 거세게 반란을 일으킨다. 이것이 정신의 속성이요, 마음의 집단이다. 그 마음의 분자인 정신의 뿌리는 근본이 허망이란다. 허망은 근본이 없다. 뿌리 없는 망상의 집합체인 마음을 가지고 망상을 붙들어 매려고 하지는 말자. 이 가르침만이 만고불변의 부처님의 심리학이다.

이와 같은 이해의 심리학 바탕 위에서, 다행히 계행戒行을 잘 지키면 누구나 저절로 마음이 고요하여 지고, 마음이 적정하여지면 자연히 마음을 주시하는 염불이 된다.

어떻게 하겠다고 의도한 바 욕구도 없이 스스로 되어지는 이같이 슬기로운 회광반조廻光返照의 지적 행위에 스스로 경탄해 마지않을 것이다. 하지만, 세속의 오욕五慾에 취한 흐리멍텅한 영혼은 도무지 이 말이 무슨 소린가 알아듣지 못할 것이다.

 이 말의 의미는 그대의 맑은 의식으로 느낄 수 밖에 없다. 어디까지나 영적 영험으로 와 닿아야 한다. 잠깐 자신의 내적 심령의 의식구조를 살펴보자. 육체는 육감의 식민지요, 육감은 정신의 노예이며, 정신은 마음의 시녀이다. 이것이 심령세계心靈世界의 위계질서位階秩序이다. 그런데, 지금 나는 어찌되어 있는가. 정신질서가 이와 같이 위계질서가 잡혀 있는가. 아니다! 완전히 거꾸로 전도되어 있음에 놀랄 것이다. 육감과 정신과 마음이 육체의 폭력 앞에 완전히 적화통일이 되어 있은 지 오래다. 수만생 전부터 그렇게도 신성시 여겨왔던 영혼세계는 육체의 식민지였다. 당연히 신성을 높이 받들어야 했던 육체가 오히려 신성 대제국을 통치하고 있었다.

 일제때, 왜놈들에게 오지奧地로 끌려간 우리 선조들처럼 신성했던 마음이 육체의 혹독한 폭력 앞에 광신자가 되어 있지나 않은가 자기 내면을 돌이켜 보자. 그러나 서러워하지는 말자. 이 마음摩陰역시 대도大盜이다. 마음 역시 무서운 독재자다. 우주 대제국을 호령하는 마왕의 마음도 인과 응보의 소치로, 오늘도 육체를 신처럼 짊어지고 온갖 시중들기에 바쁘다. 정말 가관이다.

 마음은 실체가 없다. 세간의 물리적인 방법으로는 분석이 전연 불가능하다. 다만 느껴지는 감상으로는 묘각의 하늘에

떠다니는 오색구름이다. 묘각의 거울에 비춰진 얄궂은 그림자이다.

　마치 영화의 한 장면처럼 각성의 영사기에 비춰진 환영이다. 이 환영인 마음을 우리는 스스로 높다고 자존심自尊心지키기에 아까운 생을 바치고 있다.

　우리들이 가지고 있는 마음은 수만생의 허망한 습성이 응집된 허구 의식이다. 부질없는 마음을 비유로 추리해보자. 어느 날 갑자기 아무런 까닭도 없이 우연히 과거 연인의 얼굴이 떠올랐다. 그러면 추억이란 영사기가 사실 같이 재현시키면, 저절로 연인에 대한 그리움으로 마음과 육체가 이상하게 찡해지면서 눈시울이 붉어진다.

　이것은 자신의 장식藏識에 기억된 추억의 영상들이 각성의 빛에 방영이 되어, 한편의 드라마를 보는 듯 해진다.

　이와 같이 공상 드라마를 연출해 내는 명배우는 허망한 인습因習의 마음이고, 이러한 마음의 환상을 연출해 낼 수 있도록한 제반 배경설정의 무대는 다름 아닌 여래장如來藏이다.

　신비롭기 이를 데 없는 여래장은 만상萬象을 영상화 되도록 신기하게 비춰 준다. 이 빛은 여래장에서 일어나는 묘명성妙明性의 빛이다. 묘명성의 빛은 자비의 광명으로 실로 명묘明妙해서 온갖 마음들을 조건없는 사랑으로 보살핀다.

　이와 같은 환심幻心의 그림자를 삼켰다 토했다 하는

정신예술의 광장 여래장如來藏으로 어서 가자! 묘명한 각성의 바다인 여래장에 춤추는 깨달음의 종교, 정신 예술의 박물관이기도한 불교를 이해하자면 이와 같은 유식학唯識學의 불지견이 반드시 열려야 한다.

   지견智見이 열리자면, 자기 자신의 마음을 주시하라. 그러면 곧 주시하는 각성은 영사기요, 주시注視되어 지는 환영幻影은 몸과 망상과 의식이다. 그대의 전 존재를 이같이 명료하게 드러내 보여 주는 주시자注視者는 곧 묘명한 본묘각本妙覺의 빛 부처이다. 대체로 일반 사람들은 염불을 하면 염불하는 마음을 주시하지 못한다.

   염불하는 마음을 의식하지 않으므로 염불하는 상념想念이 무명無明이란 마음의 심연 블랙홀에 금방 휘말려, 졸지에 염불하던 생각이 망상의 검은 구름을 잡아타고 손오공孫悟空도 무색하리 만큼 우주가 비좁도록 천상천하를 휘젓고 다닌다. 그런가 하면 스스로 부르는 염불소리에 자신도 모르게 심취되어, 깊은 애수에 젖어 들면 가련한 영혼의 염불가락은 잠벌레가 즐기는 회심곡이 되어, 미지의 망각 속으로 최면을 건다. 야행성 동물 같은 음흉한 잠꼬대가 몸뚱이를 앞뒤로 흔들어 칭얼대다가 코까지 덩달아 나발을 분다. 이렇게 염불하는 생각이 의식과 무의식의 비무장지대非武裝地帶에서 밤낮으로 헤맨다.

염불하는 맑은 생각보다, 음울한 신세타령의 몽상이 성하면 의식과 무의식의 사생아 격인 중음신中陰神이 뒹구는 몽유대夢遊臺에서 갖가지 환상의 꿈을 즐긴다. 열가지 십선十善을 행하는 사람이 염불을 하면, 반드시 부처님을 만나 천상세계도 볼 수 있다.

하지만, 십악十惡을 즐기는 사람들은 세상의 욕심과 질투가 거북등같이 두껍기 때문에 악몽 속에서 몸부림치다 통곡하는 꿈을 잘 꾼다.

흔히 염불을 열심히 하다보면 몽유병夢遊病같은 여러 가지 현상이 잘 일어난다. 이와 같이 나쁜 현상을 방지하기 위하여 염불삼매를 닦는 사람은, 반드시 본인지本因地에서 염불할 것을 요망하고 있다.

우리는 천수경의 가르침인 다라니를 외워 염불삼매로 들어가는 세 가지 불가사의에 대하여 생각해 보자.

수승한 영감을 가진 자가 부처님을 생각하면, 그 '생각하는 자신을 보는' 관심觀心이 저절로 된다. 이것이 생각을 주시注視하는 일이며 본인지本因地 염불 삼매법이다. 이렇게 염불하는 상념想念을 주시하여 깨달음의 관문인 삼매에 들어가는 것이 첫째 불가사의이다.

다음으로, 일반 사람은 누구나 본래 맑은 물처럼 투명했던 마음이 각박한 삶을 통해 혼탁해져 있다. 몸으로 행한 음란한 습성과 감정으로 빚어진 탐貪·진瞋·치癡의 먹구름과 밤낮으로 지껄이는 말의 소음으로 말미암아, 밝았던 심성이 흙탕물처럼 혼탁해진 것이다. 이렇게 구정물같이 흐린 정신을 염불과 진언의 위신력으로 정화淨化 시키는 것이 두 번째 불가사의이다.

  다음으로 별난 사람은 고요한 심성을 잃었다. 신선한 침묵의 안정을 상실했으므로 몸과 마음이 잠시도 가만히 있지를 못한다. 몸은 사시나무 잎같이 팔랑거리고 정신은 사막의 태풍처럼 혼란스럽다. 이렇게 설치는 병을 무슨 재주로 상념을 주시하는 염불로 고치겠는가. 이같은 정신병을 구제하기 위하여 과거에 깨달은 부처님과 현재 깨달은 부처님, 그리고 미래에 깨달을 부처님께서 모두 함께 묘약妙藥을 개발해 두셨다. 그것이 진언眞言과 주문呪文과 신주神呪와 독경讀經이다. 일단 독송하는 주력을 시켜서 정신안정력을 기른다. 이 세상에서 가장 강력한 정신안정제는 염불 또는 진언을 반복하는 것이다. 똑같은 주문을 외우게 함으로써 부지불식 간에 몸은 안정되어 대지와 같고, 사려깊은 마음은 신비로운 보고寶庫와 같아진다.

  이 말 뜻을 한시漢詩 문장으로 읽어보면 문장의 향훈에 절로 마음이 개운해진다.

안인부동여대지安忍不動如大地
안정되어 부동함이 대지와같고
정려심밀여지장靜慮深密如地藏
사려깊어 고요함은 지중과같네

천근같던 몸과 흙탕물 같던 정신이 염불하는 염력으로
쾌활해지면, 청정 벽계수같이 맑은 마음에 온 우주가 다
비춰지고, 밝고 고요한 가운데 본인지本因地가 명료히 드러난다.
그렇게 되면 발에서 머리끝까지 오로지 부처님 생각으로 꽉 차,
저절로 염불 삼매문이 열려 불가사의한 초의식 세계가 열린다.
이것이 세 번째 불가사의이다.

이와 같은 이익이 있으므로 부처님께서는 삼류중생三流衆生을
구제하기 위하여 천수경을 불자들의 교본으로 첨부해 두셨다.

그러므로 천수경은 의식 수준이 일류든, 이류든, 삼류든 간에
중생의 의식을 일단 정화시켜 영생안락의 세계로 인도하는
길잡이로 설해 놓은 염불 책이다.

세상의 일들 중에 염불을 하고 다라니陀羅尼를 외우는
수행만큼 쉬운 일은 다시 없을 것이다.

천수경千手經의 원문해설

『천수천안 관자재보살 광대원만 무애대비심 대다라니경』은
당唐나라때 서천축(인도)스님 가범달마迦梵達摩가
범서경문梵書經文을 한문漢文으로 번역하한 것이다.

　여시아문如是我聞하사오니 : 여래로부터 이와 같이 나는
들었습니다.
　한때에 석가모니 부처님께서 보타낙가산普陀洛伽山
관세음觀世音이 머물고 계시는 궁전에서 보배로 장식된
사자좌獅子座에 앉아 총지왕삼매摠持王三昧에 머물러 계셨다.
　그 도량은 한량없는 마니보주摩尼寶珠로 장식을 한 백개의
당번幢幡과 깃발을 죽 늘어놓아 관세음궁전의 풍광風光은 더욱
장엄하였다.
　이때에 여래께서 삼매로부터 일어나 총지다라니摠持陀羅尼를
연설하려 하셨다.
　그 자리에는 무수한 보살마하살菩薩摩訶薩이 계셨는데, 그

이름은 총지왕보살總持王菩薩과 보왕보살寶王菩薩,
약왕보살藥王菩薩, 약상보살藥上菩薩, 관세음보살, 대세지보살,
화엄보살, 대장엄보살, 보장보살, 덕장보살, 금강장보살,
허공장보살, 미륵보살, 보현보살, 문수사리보살 등 모두 다음에
부처가 될 수 있다는 관정灌頂을 받은 대법왕자大法王子들이었다.

또, 아라한과阿羅漢果를 증득하고 십지十地에 오른
마하가섭摩訶迦葉을 수제자로 하는 무량 무수한
대성문승大聲聞乘과 선타범마를 상수로 하는 무량한 범마라천과
선타범마천자를 우두머리로 하는 무량한 욕계의 모든 천자들과
제두뢰타를 수장으로 하는 무량한 호세사천왕들과 또
천덕대왕을 두목으로 하는 천룡, 야차, 건달바, 아수라, 가루라,
마후라가, 인비인 등 과 동목천녀를 주축으로 하는 욕계의
무량한 천녀들과 많은 허공신, 강해신, 천원신, 하소신, 약초신,
수림신, 사택신, 수신, 화신, 지신, 풍신, 토신, 산신, 석신,
궁전신 등의 신이 다 와서 모였다.

이 때에 관세음보살이 위와 같은 큰 모임 가운데서 은밀히 큰
신통력으로 광명을 놓아 시방찰토十方刹土와
삼천대천세계三千大天世界를 비추니 찰나에 모두 금색으로
변하였다.

찬란한 금색광명 속에서 천궁, 용궁과 존귀한 모든 신궁이
일시에 진동하고, 강과 하천, 큰 바다와 그리고 철위산, 수미산,
토산, 흑산도 역시 동시에 크게 흔들렸다.

천상에서 밝다는 해와 달 그리고 빛나는 별들이 제 모습을
잃고, 거룩한 광명 속에 가리워져서 보이지 않았다.
그때에 회중에 있던 총지왕보살이 뜻밖에 전에 어디서도 볼
수 없었던 희유한 장관에 감격한 나머지 앉았던 자리에서
일어나서 부처님을 향해 공손히 합장을 하고 하시는 말씀이
"지금 이 신통의 광경光景은 누구에 의하여 일어난
상서입니까?"하고 부처님께 게송으로 여쭈었다.

수어금일성정각誰於今日成正覺　오늘누가　정각을　이루었기에
보광여시대광명普光如是大光明　이와같은　광명을　두루비추나
시방찰토개금색十方刹土皆金色　시방찰토　모두다　금색이되고
삼천세계역부연三千世界亦復然　삼천세계　역시다　그러하도다
수어금일득자재誰於今日得自在　지금누가　자재를　얻으셨기에
연방희유대신력演放希有大神力　희유하게　대신력　펼치시는가
무변불국개진동無邊佛國皆震動　끝도없는　불국토　모두다진동
용신궁전실불안龍神宮殿悉不安　용신궁전　일체가　불안해하고
금차대중함유의今此大衆咸有疑　대중들이　다함께　의심을품네
불측인연시수력不測因緣是誰力　신력인연　누군지　예측못해서
위불보살대성문爲佛菩薩大聲聞　의문가진　불보살　대성문들과
위범마천제석등爲梵魔天帝釋等　의혹품은　범마천　제석등위해
유원세존대자비唯願世尊大慈悲　세존님의　대자비　바라옵니다
설차신통소유이說此神通所由以　신통광명　온곳을　밝혀주소서

이 게송을 들으신 부처님께서 총지왕보살에게 말씀하셨다.
좋아하고 싫어하는 두 마음을 멀리 떠난 선남자여 너는 마땅히 알라.
지금 이 대중 가운데에 한 보살이 있으니, 그 이름이 관세음이라 하니라. 그는 무량겁전無量劫前에 이미 대자비大慈悲를 성취했고 일체법에 통달하여 한량없는 다라니문陀羅尼門을 잘 익혀서 모든 중생을 안락케 하였느니라.
이와 같은 자비를 중생들에게 베풀 것을 스스로 자원하였기에 지금 보는 바와 같은 대 신통력을 남모르게 은밀히 펼쳐 보이느니라.
부처님께서 이 말씀을 마치시자. 관세음보살께서 자리에서 일어나시어 의복을 단정히 고쳐 입고 부처님께 합장하며 말씀하셨다.
"세존이시여, 제게 대비심 다라니주가 있으니 이제 그 주呪를 설하고자 합니다. 그 대비주를 설하고자 함은, 뭇 중생들로 하여금 안락함을 얻어 가지게 하기 위함이며, 오래 사는 수명을 얻게 하기 위함이며, 풍요로운 생활을 얻게 하기 위함이며, 모든 잘못된 행위로 지은 죄악을 깨끗이 없애주기 위함이며, 모든 장애와 곤란을 멀리 여의게 하기 위함이며, 때문음이 없이 깨끗한 모든 공덕을 많이 쌓게 하기 위함이며, 모든 공덕을 성취하게 하기 위함이며, 모든 두려움을 멀리 여의게 하기

위함이며, 간절히 원하는 것을 모두 빨리 만족하게 성취시키기
위해서 입니다.

　오직 바라옵건대 세존께서는 자애로운 마음으로 저의 바라는
바를 허락하여 주소서."

　부처님께서 대답하셨다.

　"선남자善男子야 네가 대자비로 중생을 안락하게 하기 위하여
신주를 설하려고 하니 지금이 바로 적절한 때니라. 그대는 속히
설하도록 하라. 여래如來는 참으로 반가우니라. 다른 모든
부처님들도 또한 기뻐하노라." 관세음보살께서 다시 부처님께
말씀드렸다.

　"세존이시여, 과거 무량억겁전에
천광왕정주여래千光王定住如來라는 부처님께서 이 세상에
출현하셨습니다. 그 부처님께서 저와 일체 중생을 어여삐
여기시사 광대원만 무애 대비심 다라니를 설하셨습니다.
대비주를 설하시고 나서, 그 부처님께서 금빛 나는 손으로 저의
이마를 만지시며 말씀하시기를 선남자여, 너는 마땅히 이
대비심주를 지니고 있다가, 미래 악세未來惡世의 모든 중생을
위하여 그들이 널리 큰 이익을 지을 수 있도록 다라니를 설하라
하셨습니다. 그때에 저는 처음으로 육바라밀을 닦을 마음을
일으켜 초지初地에 오른 보살로 있었는데, 한번 이 주문을
부처님으로부터 듣는 순간, 즉시에 팔지보살八地菩薩의 지위에
올랐습니다. 저는 너무도 기뻐서 천광왕정주여래 앞에서

맹세하기를, 만약 제가 오는 세상에 일체 중생을 다 안락하게
하고, 그들의 이익을 골고루 베풀 수 있는 능력이 있다면 저로
하여금 이 몸에 천개의 손과 천개의 눈이 구족하게 하여
주옵소서. 하고 발원을 하였습니다. 발원이 끝나자 즉시에
천개의 손과 천개의 눈인 천수 천안이 모두 구족해 졌습니다.
천수천안이 구족해지자 시방의 대지는 일시에 여섯 가지로
진동하고, 그때에 시방의 부처님들께서도 일제히 광명을
발하시어서 저의 몸과 시방의 끝없는 세계를 비추셨습니다.

 이렇게 된 이후로 무량한 부처님의 처소에서 한량없는 회중의
대중에게 거듭 이 다라니를 설하였고, 스스로도 받아 지니면서
끝없이 환희용약歡喜踊躍하였습니다. 이렇게 하여 다시 무수
억겁의 미세생사微細生死를 초월하였고, 그 이후로는 항상
지송持誦하여 폐하거나 잊어버리는 일이 없었습니다. 제가 이
신주를 늘 지송하였기에 태어날 때마다 항상 부처님 앞의 연꽃
위에서 화생化生하였으며, 어머니의 포태胞胎로 태어나는 괴로운
중생의 몸을 받지 않았습니다. 만약 비구, 비구니, 우바새,
우바이, 동남 동녀로서 이 신주를 지송하려는 자는 첫째로 모든
생명에 대하여 밉고, 고운 생각 없이 따뜻한 자비심慈悲心을 늘
일으켜야 하며, 두 번째는 나 관세음보살처럼 되려면 나를
따라 먼저 이와 같이 발원發願 해야 합니다."

계청啓請

"나에게도 『대원만 무애 대비심 대다라니』가 개발되어 지이다." 라고 청원하는 게송

稽首觀音大悲主	대비관음	보살님께	머리숙여	절합니다
願力洪深相好身	넓고깊은	원력으로	묘한상호	갖추신몸
千臂莊嚴保護持	신비롭게	장엄하신	일천팔로	보호하고
千眼光明辺觀照	일천눈의	광명으로	두루가득	보살피네
眞實語中宣密語	진실하온	말씀으로	신비한뜻	베푸시고
無爲心內起悲心	조건없는	마음으로	자비심을	일으켜서
速令滿足諸希求	희유한법	구하는이	모두속히	만족하고
永使滅除諸罪業	모든죄업	남김없이	길이길이	멸하여서
天龍衆聖同慈護	하늘용과	뭇성인이	한결같이	보호하고
百千三昧頓薰修	백천가지	모든삼매	지금단박	닦아익혀
受持身是光明幢	다라니를	지닌몸은	빛이나는	깃발이요
受持心是神通藏	다라니를	지닌마음	신통유희	광장이라
洗滌塵勞願濟海	세상번뇌	씻어내고	고해중생	건지올제
超證菩提方便門	방편문을	초월하는	보리도를	얻게하네
我今稱誦誓歸依	내가지금	대비주를	지성으로	외우나니
所願從心悉圓滿	뜻하는바	마음대로	모두다들	이뤄지다

나무대비관세음 원아속지일체법南無大悲觀世音 願我速知一切法
나도 관세음보살같이 속히 일체 법을 알아지이다.

나무대비관세음 원아조득지혜안南無大悲觀世音 願我早得知慧眼
나도 대비관음보살같이 빨리 혜안을 얻어지이다.

나무대비관세음 원아속도일체중南無大悲觀世音 願我速度一切衆
나도 대비관음보살같이 일체 중생을 건지오리다.

나무대비관세음 원아조득선방편南無大悲觀世音 願我早得善方便
나도 대비관음보살같이 빨리 좋은 방편을 얻어지이다.

나무대비관세음 원아속승반야선南無大悲觀世音 願我速乘般若船
나도 대비관음보살같이 속히 지혜 배를 타게 하여지이다.

나무대비관세음 원아조득월고해南無大悲觀世音 願我早得越苦海
나도 대비관음보살같이 빨리 고해를 뛰어 넘어지이다.

나무대비관세음 원아속득계정도南無大悲觀世音 願我速得戒定道
나도 대비관음보살같이 속히 구족계로 일어나는 선정의 도 얻어지이다.

나무대비관세음 원아조등원적산南無大悲觀世音 願我早登圓寂山
나도 대비관음보살같이 빨리 적멸보궁 원적산에 올라지이다.

나무대비관세음 원아속회무위사南無大悲觀世音 願我速會無爲舍
나도 대비관음보살같이 속히 보살도인 무위법이 모여지이다.

나무대비관세음 원아조동법성신南無大悲觀世音 願我早同法性身
나도 대비관음보살같이 빨리 법신보살 같아지이다.

아약향도산 도산자최절我若向刀山 刀山自摧折
내가만약   칼산같은   교만심을   관하면은
까닭없이   거친마음   자연스레   부서지고

아약향화탕 화탕자소멸我若向火湯 火湯自消滅
내가만약   펄펄끓는   애욕심을   관하면은
펄펄끓던   애욕물이   자연스레   증발하고

아약향지옥 지옥자고갈我若向地獄 地獄自枯渴
내가만약   번뇌지옥   탐진치를   관하면은
지옥같은   괴로움이   자연스레   말라붙고

아약향아귀 아귀자포만我若向餓鬼 餓鬼自飽滿
내가만약   온갖욕망   주린배를   관하면은
아귀같이   구하는맘   자연스레   만족하네

아약향수라 악심자조복我若向修羅 惡心自調伏
내가만약   투쟁심인   수라심을   관하면은
물어뜯는   독한마음   자연스레   순해지고

아약향축생 자득대지혜我若向畜生 自得大智慧
내가만약   축생같은   음욕심을   관하면은
지혜롭고   거룩한맘   자연스레   얻어지네

　세 번째는 발원發願을 마친 후 지극한 마음으로 나의 이름을 부릅니다. 범부중생으로서 관음보살같이 총지보살이 되자면 다음의 보살명호를 소리내어 부름으로써 중생의 법기가 관음보살과 같아집니다. 그리고 나의 본사 아미타여래를 지성으로 생각하면서 다라니 신주를 외워야합니다.

　나무 관세음보살마하살觀世音菩薩摩訶薩 : 광대하게 두루 원만히 걸림 없는 몸을 나투시는 관음보살과 같아지겠나이다 하는 맹세이다.

왜 새삼스럽게 귀의한다는 발원을 해야 하느냐 하면, 모든 보살이 저마다 독특한 높은 불지에 올라갔지만, 관음보살같이 온갖 지혜와 신통과 공덕을 두루 다 갖춘 총지왕보살은 못되었다.

비유하면 관음보살이 바다라면 다른 보살의 경지는 큰 강과 같은 것이다. 그러므로 관음보살은 일체 보살의 모든 것을 다 갖고 있다. 그렇게 높은 경지를 얻어 가진 것은 관음여래로부터 이근원통법을 받아서 닦아 원통을 성취하였기 때문이다.

뿐만 아니라, 천광왕정주여래로부터 광대원만 무애대비심대다라니를 얻어듣는 순간 무량보살의 온갖 공덕과 신통을 졸지에 한 몸에 다 지니게 되었다. 그러므로 우리들도 이같은 행운의 대보살마하살을 지성으로 불러야 한다.

나무대세지보살마하살南無大勢至菩薩摩訶薩
염불 삼매 닦아 익혀 중생 구제하는
대세지보살마하살과 같아지겠나이다.

관세음보살과 대세지보살은 억겁 전생에 조리와 속리라는 이름을 가진 형제로 태어났다. 일찍이 어머니를 여의고 표독한 서모庶母 밑에서 온갖 학대를 받다가 아버지가 멀리 타국으로 돈 벌러 떠나자, 일곱 살 짜리 형 '조리'와 다섯 살 짜리 동생 '속리'는 계모의 꾀임에 빠져 바다 건너 저 멀리 대륙과 아득히 떨어진 고절처孤絶處 무인도에 내다 버림을 당한다. 철부지 어린 형제는 몇 날을 추위와 굶주림에 서로 부둥켜 안고 울고 또 울다가 마침내 기진맥진하여 쓰러진다.

 순간 뼈를 녹이는 침묵이 대양의 처절한 소음을 삼키니, 죽음의 사자도 손발이 떨려 가련한 형제의 최후 순간을 지켜만 보고 있을 때, 형 조리는 열 손가락을 돌로 쳐 흐르는 피로 누더기가 된 옷에, 부모 잃고 버림받은 어린 영혼의 가슴에 사무친 아픔들을 대비의 발원으로 승화시켜 비원을 써 내려갔다. 피로 누더기 천이 빨갛도록 한 자 한 자 대비원大悲願을 적었다.

 발원의 내용은 '우리 형제가 죽으면 부모 없는 설움으로 슬픔에 젖은 사람에게는 대성자모 자부가 되고, 외로운 사람에게는 친절한 벗이 되고 사랑하는 형제가 되며, 헐벗은 사람에게는 옷이 되고, 굶주리는 사람에게는 밥이 되며, 온갖 병고 중생들에게 명의가 되고 양약이 되어 고쳐주고, 영원한 해방을 줄 수 있는 부처님을 만나지 못하는 중생에게는 부처님의 몸을 나투어 구제하겠노라'고 썼다. 열 손가락이 문드러지도록 저 중생들의 고통을 덜어주고 즐거움을 주겠다는 손고여락(損苦與樂:손고락)이 되겠노라고 다짐했다.

 열 발가락이 짓이겨 지도록 시방세계를 쫓아다니며 고독한 영혼의 고통을 뽑아주고, 외로움을 달래어 기쁨을 주는 발고여락(拔苦與樂:발고락)이 되겠노라 발원했다. 바짝 말라 이미

미이라가 되어 버린 아우 속리 가슴에서 흘러나온 서른 두 가지 발원發願도 함께 다 쓰고는 형제는 꼭꼭 부둥켜 안고, 만경창파도 무심치 못해 몸부림치는 해조음을 들으며 대비원을 성취하는 기막힌 생을 마감했다. 외국 갔다 돌아온 아버지가 백방으로 두 아들의 행방을 찾아다닌 끝에 바다를 건너 무인절도에 왔을 땐, 두 무대기의 하얀 유골뿐이었다. 후처와 작당하여 죄악을 자행한 뱃사공은 호기를 잡은 듯 뺑소니를 치건만, 가건 말건 관심 밖의 일로 흘러보내고, 자식의 유골을 품에 안고 그 자리에서 기절하고 말았다. 시간의 부름이었던가 가까스로 정신을 차린 아버지도 비장한 심경으로 조약돌 사이에 널려 있는 어린 자식들의 누더기 천 조각에 쓰여진 피의 유서인 '대비발원문'을 보고, 자신의 수족을 모조리 부수어 붓을 삼아 사십팔원의 혈서를 쓰고는, 불쌍한 두 아들의 뽀얀 백골을 찢어지는 가슴에 품고 절해고도에서 한줌의 흙이 되었단다. 한 많은 삼부자의 처절한 생은 석양의 황혼 속에 서서히 막을 내렸다. 그런데, 그분들이 어찌 다른 사람이겠는가. 아버지는 아미타여래阿彌陀如來이셨고, 조리와 속리는 관음보살觀音菩薩과 대세지보살大勢至菩薩이시다. 이 두 보살은 자신들이 고초 받은 것처럼 아픔을 느끼는, 영겁토록 외롭고 서러운 중생들의 깊고도 깊은 한을 풀고 계시는 분들이시다. 아! 들어라. 억조창생들이여, 꼭 염불이 아니라도 좋다. 슬피 울기만 해도 된다. 그러면 인정 많으신 대비 보살들이 항상 왕림하시어 그대의 품은 회한을 꼭 껴안아 주리라.

나무천수보살마하살南無千手菩薩摩訶薩
천광여래 수기를 받은 천수관음보살마하살과 같아지겠나이다.

여기에 거명된 보살님들은 관음보살의 분신이시다. 그러므로 분신이란 말뜻은 만가지 기술을 가진 사람의 비유로 생각하면 된다. 사람이 영어를 잘하면 필요에 따라서는 통역관이나 영어교사가 되고, 병을 잘 고치면 의사가 되는 것과 꼭 같은 경우로 보면 된다. 혹시 교묘한 눈속임을 하는 마술사의 눈가림 같은 얘기로 알면 정말 큰 코 다친다.
보살은 우주세계를 쫓아다니며, 그 환경조건에 맞게 여러 형태로 몸을 나투고 계신다고 보면 된다.
우리가 자식 한 둘을 양육하는데도 몸이 몇 개 더 있었으면 좋겠다고 생각할 때가 많은데, 대자비 집안의 관음보살은 억조창생들의 고난을 하나같이 돌봐 주려면 얼마나 많은 손발이 필요하겠는가. 그래서 관음보살은 천광왕정주여래로부터 받은 신묘장구대다라니의 불가사의한 힘과 자신의 본원력本願力으로, 한 몸에 천수천안과 팔만 사천 모다라니의 몸을 두루 나툴 수 있는 불가사의한 해탈경계 신통장에 머물러 계시므로, 저절로 어떻게 한다는 생각 없이 자연히 천개의 손과 같은 위신력을 발휘하게 된다. 즉 천수로 보살피는 천수부처千手部處의 보살이 곧 관음보살이시다.

나무여의륜보살마하살南無如意輪菩薩摩訶薩
원통을 이루어서 뜻과 같이 구제하는
여의륜관음보살 마하살과 같아지겠나이다.

여섯 관음의 한 분으로서 어떤 관음탱화에 보면 여의보주를
들고 삼매如意寶珠三昧에 들어 있는 보살상을 간혹 볼 수 있다.
그것은 중생의 뜻과 같이 이루어지게 하는 불가사의 해탈
경계의 모습을 보이신 그림으로서, 육도 중생과 출세간의
성자들에게도 두루 이익을 줄 수 있는 독특한 여의륜
관음보살상이다.
  오른손을 위로한 것은 사유하는 모양이며, 왼손엔 뜻과 같이
이루어지게 할 수 있는 신통한 여의보주를 들고 있다.

나무대륜보살마하살南無大輪菩薩摩訶薩
큰 법륜을 굴리시는 대륜보살마하살과 같아지겠나이다.

오늘날 과학은 바퀴 문명이다. 돌고 돌아가는 륜輪의 조화다.
바로 이러한 원리로 이루어진 물질문명의 시대를 철륜시대라
하고, 물질이 아닌 정신 문화의 시대를 금륜시대라 한다.
반대로 초상의 대 해탈로 돌아가는 부처님의 말씀을 우린

법륜이라 한다.

  이와 같은 철륜과 금륜과 법륜을 관음보살은 마음대로 굴린다 세간법과 출세간의 진리를 자유로이 굴릴 뿐만 아니라, 세간법과 출세간 법을 뛰어 넘은 보살들을 성불로 이끄는 최상승의 불법까지도 자재롭게 굴리므로 관음보살을 대륜보살 마하살이라고도 부른다.

  우리가 호명하는 대륜보살은 불교사전의 기록으로 미루어보면 총지보살總持菩薩로서 관음의 분신인 대륜금강보살大輪金剛菩薩로 보아진다. 왜냐하면 대륜금강보살의 상을 보면 오른손에 염주를 들고 왼손엔 금강저를 들고 계시는데, 본시 관음보살은 금강신을 나투어 법륜인 진리의 섭리를 운전하고 계시는 관음상이 있기 때문이다.

나무관자재보살마하살南無觀自在菩薩摩訶薩
각관覺觀으로 두루 보살피는
관자재보살마하살과 같아지겠나이다.

  근세에 작고하신 성철스님이 법담으로 남기신 말씀 중에 가장 인기가 좋은 말씀이 있다. 「산은 산이요, 물은 물이로다.」라고 하신 법구다.

  이 말씀의 어원은 수능엄경 18계 여래장설에서 의미 유추한 말씀이다. 속인들이 18계가 무엇인지도 모르면서 시계 추 같은 윤회심으로 해설을 하거나, 농담 삼아 함부로 만평을 해서는 안 된다.

「내 마누라는 내 마누라요, 네 아들은 네 아들이로다.」누가 이같이 천덕스러운 졸평을 하길래 하도 기가 막혀 웃음도 나오지 않았다.

「산은 산, 물은 물」의 본 뜻은 일곱번 부정否定에서 절대긍정絶對肯定의 팔부정八不定을 묘설한 말씀이다.

그래서 그 팔차원의 지견智見에서는 산을 보고 물이라 하면 산이 즉시에 물이 되고, 산을 보고 불이라 하면 산이 즉시에 불이 된다.

이와 같이 지地·수水·화火·풍風 사대四大가 칠부정七否定이 일어난 팔지八地이상 보살의 지견에서는 마음대로 되어진다. 이같은 불가사의한 해탈 경계를 관자재보살의 경지라 한다.

18계는 안과 밖과 중간의 삼처三處가 육근六根에 반연된 허망한 경계로서 안眼·이耳·비鼻·설舌·신身·의意 육근 곱하기 삼처三處는 곧 십팔계十八界로, 이 18경계十八境界는 근본이 없다, 다만 육근에 반연된 허망한 마음일 뿐이다. 그래서 마음의 밑바탕인 여래장如來藏의 각관에서는 세계와 중생계를 의지대로 창조해 낼 수 있다. 이 경계가 곧 관자재보살의 경지다.

나무정취보살마하살南無正趣菩薩摩訶薩
바른 깨달음에 도달하신 정취보살 마하살과 같아지겠나이다.

　경전에 나오는 무수한 보살은 모두, 권화보살權化菩薩이라
한다. 실제 인물이 아니고 어떤 진리를 그림이나 설화로 설명해
나가는 과정에서 등장시킨 우화적인 인물이다. 연극이나
드라마에서 어떤 주인공으로 등장시키기 위한 주연배우와 같은
인물들이다. 이러한 주연배우들을 도설적圖說的예술로서 표현한
모든 사원의 불화의 주인공들은 불교 무대의 명배우들이다.
　그러므로, 모든 사찰은 일종의 불교 영화관이다. 어떤 진실을
밝히는 과정에서 불가피하게 응용하게 되는 명칭이 보살의
이름이다. 본시 모양도 무엇도 없는 신령한 묘각妙覺의
성리性理를 밝히는 과정에서, 우주와 같이 많은 뜻을 함축시킨
비장의 성명철학이 아니고서는 도저히 무한한 불교의 교리를
밝힐 수 없다.
　그러므로 불법진리의 예명藝名인 정취보살마하살은 다른
특별한 인물이 아니라, 관음보살이 성취한 도道가 어떤 보살이
이룬 도보다 가장 바른 정정취正定聚이고, 이 바른 정정취로
일체중생을 인도하시는 보살이 관음보살님임을 강조하신
이름이다.

나무만월보살마하살南無滿月菩薩摩訶薩
관음보살은 실로 모든 보살의 공덕과 지혜를 한 몸에 두루 다
갖추신 보살이시다. 마치 하나의 달이 천 강에 비추듯, 그
하나의 달이 곧 만월보살마하살이다.

나무수월보살마하살南無水月菩薩摩訶薩
물 따라 달 가듯이, 중생 따라 불심 주는
수월보살마하살과 같아지겠나이다.

수월보살은 수월관음水月觀音 혹은 해수관음海水觀音이라 하여
절의 벽화壁畵나 탱화撑畵에 많이 그려져 있다. 수월보살의
공덕력을 의미 심장한 한시로 표기한 "천강유수千江流水
천강월千江月"이란 현판이 큰절 법당 굵은 기둥에 흔히
달려있음을 볼 수 있다.
　공중에 뜬 달은 하나로되 천 강에는 천 개의 달이 비친다는
이치로, 이와 같은 이름이 생겼다. 이 관음보살의 위신공덕력과
대자대비력이 하나의 달이 천 강에 비치듯이, 시방중생의
영혼에 각각 하나의 달이 되어 비추는 것과 같은, 관음의 신통
묘지력이 그와 같이 사무치고 있음을 시사한 법명이다. 이런
뜻에서 수월보살이라 부른 것이다.

나무군다리보살마하살南無軍茶利菩薩摩訶薩
중생 번뇌 큰 불길을 감로뿌려 구제하는
군다리보살마하살과 같아지겠나이다.

『군다리집경軍茶利集經』에 소상히 밝힌 바
있고, 〈군다리자재신력주인품軍茶利自在神力主因品〉 등에서 해설된
군다리 오대명왕상은 감로보병甘露寶瓶을 들고 삼매에 들어 있는
형상을 취하고 있다. 물론 관음보살이
오대군다리명왕五大軍茶利明王의 신통 묘력을 한 몸에 다 갖추어
온갖 신중의 무리를 총지휘하고 있음을 밝히고 있다.

나무십일면보살마하살南無十一面菩薩摩訶薩
팔방과 상, 하, 중심방위에까지 온갖 얼굴을 다 나투시는
십일면 보살마하살과 같아지겠나이다.

절에 가면 탱화에서나 조각상 중에 열한개의 얼굴을 조각한
각양 각색의 얼굴표정을 보았을 것이다.
이같은 그림이나 등상불이 우리에게 시사하는 바는 다름이
아니라 관음보살은 시방세계 어디라 할 것 없이, 어떤 형상의
몸과 얼굴의 표정이든지 자유자재하게 나투어서 중생을
구제한다는 내용을 설명한 모습이다. 이러한 형설의 표현은
문명이전 미개사회인들의 시각에는 우리의 상형문자와 같았다.

이치 상으로 십일면十一面을 해설하면 팔방에 상하방이 더해지면 곧 시방이 된다. 이 열방위에 중심 방위가 들어가면 십일방위가 된다. 십일면의 참뜻은 자기중심의 마음을 은유한 말이다. 열한개의 얼굴로 묘사된 십일면의 중심성은 만류본질의 바탕이 된다. 만류본질의 근본이 되는 밑바탕과 같은 존재가 바로 십일면보살이다.

자아실상을 십일면으로 명시한 자성의 얼굴은 세간과 출세간 법의 근본이요, 만가지 특성을 다 가진 불 보살의 본래 면목임을 직설하고 있다.

나무제대보살마하살南無諸大菩薩摩訶薩
62항하사수六十二恒河沙數 모든 보살을 한 몸에 다 총지하신 제대보살마하살과 같아지겠나이다.

여기서 말하는 마하살은 초지보살에서 최고 경지인 십이지보살의 깨달음인 등각지等覺地에 오른 다음, 다시 초지로 내려왔다 갔다 하기를 열두 번이나 반복하면서, 무량아승지겁無量阿僧祇劫의 도를 닦아 묘각의 불지에 오른 대보살들을 마하살이라 밝히고 있다.

그런데 관음보살은 이렇게 높은 불지에 오른 보살마하살의 지혜와 공덕과 신통을 자기 한 몸에 다 갖추고 있으므로, 관음보살을 제대보살이라 특별히 존칭하고 있다.

나무본사 아미타불南無本師阿彌陀佛
자타 없는 우리 본사 아미타불 부처님께
너, 나 없이 지심으로 귀의하나이다.

　관음보살의 본사本師는 아미타여래阿彌陀如來이시다. 그리고 우리의 본사本師이시기도 하다. 어떤 중생이나 어떤 성문, 나한, 벽지불 보살이라도 반드시 서방정토의 아미타여래에게 가서 수기를 받아야만 성불할 수 있기 때문이다.
　필자는 아미타불을 항상 원만보신노사나불圓滿報身盧舍那佛로 보고 그렇게 믿고 아미타여래와 같아지기를 발원한다. 누가 뭐라 해도 큰 깨달음을 성취하자면, 반드시 원만한 보신불과 같은 몸을 갖추어야만 하기 때문이다.
　그러므로 필자는 늘 법문 중에도 아미타불을 염송念誦하고, 지극한 마음으로 생각하며 신묘장구대다라니를 지송한다.
　세존의 머리는 사람과도 다르고, 보살의 두상과도 다르다. 머리의 가장자리로부터 솟아 오른 상서로운 빛 속에서 화생한 부처님께서 설하신 신주는 인간의 머리와 입에서 나온 말이 아니다.
　'신묘장구대다라니'를 외우는 사람은 저절로 부처님의 정수리와 같은 불가사의 공덕을 갖춘다.
　이 '신묘장구대다라니'를 하루에 다섯 편씩만 독송해도

백천만억겁百千萬億劫 동안 지은 중죄라 할지라도 다 소멸된다 하셨다.

  관세음보살께서 다시 부처님께 말씀 드리기를
"세존이시여 만약 모든 사람과 하늘사람으로서
신묘장구대다라니를 지극한 마음으로 외우는 자는 임종시에
시방의 모든 부처님께서 직접 오셔서 손을 잡아 주실 것이고
어느 부처님 나라든지 본인이 원하는 대로 가서 화생할
것입니다.
  다만 착하지 않고 지극한 정성이 없는 중생은 제외합니다.
또한 대비신주를 독송하는 자로서 삼악도에 떨어지거나, 부처님
나라에 태어나지 못하거나 한없는 삼매와 변재를 얻지
못하거나, 현재의 삶 속에서 일체의 원하는 바를 이루지 못하는
중생이 하나라도 있다면 저 관세음보살은 정각을 이루지 않을
것입니다.
  그리고 여인이 여자의 몸을 싫어하여 남자 되기를 원하여 이
다라니를 지송하였는데도, 남자의 몸으로 변하지 않는다면 저는
정각을 이루지 않을 것입니다. 하지만 조금이라도 의심을
가지는 자는 과보를 이루지 못할 것입니다.
  만약 어떤 사람이, 승가대중이 함께 나누어 쓸 음식이나
재물을 해치거나 착취하기 위하여 덜어내면, 일천 분의
부처님께서 세상에 나오시더라도 참회할 수 없고 설사 참회한다

해도 죄를 없애지 못합니다. 그런데 이 대비다라니를 외우면 그
중죄도 없앨 수 있습니다.

그리고 승가대중이 함께 나누어 쓸 음식이나 재물을 해치거나
덜어내면 반드시 시방의 부처님 앞에서 참회하고서야 그 죄를
없애게 되는데, 이제 대비다라니를 외우게 되면 시방의
부처님께서 오셔서 온갖 죄업장이 모두 없어지는 것을 증명해
줄 것입니다. 그리하여 열가지 큰 악, 다섯가지 큰 죄五逆罪와
착한 사람을 비방하고, 법을 비방하며, 재계齋戒를 깨뜨리고,
탑과 절을 무너뜨리며, 승가의 물건을 훔치고, 깨끗한 진리의
행을 더럽히는 등 모든 잘못된 행위로 지은 이 무거운 죄들을
모두 다 없애줍니다.

그러나 다라니를 의심하면 가벼운 업과 작은 죄도 없앨 수
없는데, 어떻게 무거운 죄를 없앨 수 있겠습니까. 죄를 없앨 수
없을 뿐 아니라 깨달음을 얻을 수 있는 인연마저 멀어지게
됩니다."

관세음보살은 거듭 부처님께 말씀드렸다.

"만약 사람이나 하늘대중으로서 대비신주를 외워 지니는
사람은 열다섯가지 좋은 곳에 태어남을 얻고 열다섯가지 나쁜
죽음을 받지 않습니다."

열다섯가지 나쁜 죽음을 받지 않음이란,

첫째, 배고픈 고통으로 죽지 않게 하며
둘째, 옥에 갇혀 매맞아 죽지 않게 하며
셋째, 원수와 상대해서 죽지 않게 하며
넷째, 전쟁터에서 서로 싸워 죽지 않게 하며
다섯째, 사나운 짐승에게 물려 죽지 않게 하며
여섯째, 독한 뱀이나 전갈에게 물려 죽지 않게 하며
일곱째, 불에 타 죽거나 물에 빠져 죽지 않게 하며
여덟째, 독약을 먹고 죽지 않게 하며
아홉째, 독벌레의 독으로 죽지 않게 하며
열째, 미쳐서 죽지 않게 하며
열한째, 산이나 나무 낭떠러지에서 떨어져 죽지 않게 하며
열두째, 나쁜 사람의 저주로 죽지 않게 하며
열셋째, 나쁜 귀신에 홀려 죽지 않게 하며
열넷째, 몹쓸 병이 온 몸에 전염되어 죽지 않게 하며
열다섯째 자살로 죽지 않게 함입니다.

대비신주를 외워 지니는 자는 이와 같은 열다섯가지 나쁜 죽음을 당하지 않으며, 열다섯가지 좋은 곳에 태어남을 얻게 됩니다.

열다섯가지 좋은 곳에 태어남이란,

첫째, 태어나는 곳마다 늘 좋은 정치지도자를 만나며
둘째, 늘 좋은 나라에 태어나며
셋째, 늘 좋은 때를 만나며
넷째, 늘 좋은 벗을 만나며
다섯째, 육체적으로 늘 결함이 없으며
여섯째, 진리를 향하는 마음이 무르익으며
일곱째, 계를 범하지 않으며
여덟째, 가정이 늘 화목하며
아홉째, 음식과 재물이 풍요로우며
열째, 늘 다른 사람의 공경과 도움을 받으며
열한째, 가지고 있는 재보를 남들이 훔쳐가지 않으며
열두째, 바른 뜻으로 구하는 것이 모두 이루어지며
열셋째, 하늘과 용 착한 신들이 늘 옹호해주며
열넷째, 태어나는 곳마다 부처님을 뵙고 법을 들으며
열다섯째, 바른 법을 들으며 그 깊은 뜻을 깨치게 됩입니다.

대비심다라니를 외워 지니는 자는, 이와 같은 열다섯가지 좋게 태어남을 얻게 되는 것이니, 모든 하늘 대중과 사람들은 늘 외워서 게으름을 피우지 말아야 합니다.

신묘장구대다라니 神妙章句大多羅尼

나모라 다나 다라 야야 나막 알야 바로키뎨 새바라야 모지
사다바야 마하 사다 바야 마하 가로니가야 옴 살바바예 슈
다라 나가라야 다사명 나막 까리다바 이맘 알야 바로기뎨
새바라 다바 니라간타 나막 하리나야 마발다 이샤미 살발타
사다남 슈반 아예염 살바 보다남 바바말아 미슈다감 다냐타 옴
아로게 아로가 마디 로가 디 가란뎨 혜혜 하례 마하 모지
사다바 사마라 사마라 하리나야 구로 구로 갈마 사다야 사다야
도로 도로 미연뎨 마하 미연뎨 다라 다라 다린 나례 새바라
자라 자라 마라 미마라 아마라 몰뎨 예 혜혜 로계새바라 라아
미사미 나샤야 나볘 사미 사미 나사야 모하 자라 미사 미
나사야 호로 호로 마라 호로 하례 바나마나바 사라 사라 시리
시리 소로 소로 못댜 못댜 모다야 모다야 매다리야 니라간타
가마 샤날샤남 바라 하라 나야 먀낙 사바하 싯다야 사바하 마하
싯다야 사바하 싯다유예 새바라야 사바하 니라간타야 사바하
바라하 목카 싱하 목카야 사바하 바나마 하따야 사바하 자가라

욕다야 사바하 샹카 섭나네 모다나야 사바하 마하라 구타다라야 사바하 바마사간타 니샤시테다 가릿나 이나야 사바하 먀가라 잘마 니바 사나야 사바하

  나모라 다나 다라 야야 나막 알야 바로 기뎨 새바라야 사바하
(세번)

다라니의 참모습과 대중의 옹호

　관세음보살이 이 다라니를 설하자, 대지는 여섯가지로 변화하면서 사방상하로 진동(육종진동)하였다. 하늘에서는 보배꽃을 비 내리듯 흩날리고, 시방의 부처님들은 모두 다 기뻐하셨다, 하늘의 마군과 외도들은 엄청난 이적에 놀라 소름이 끼쳐 털이 곤두서나, 모임 가운데 대중들은 모두 도과道果를 얻었다.
　그 가운데 어떤 이는 수다원과(須陀洹, Srotapanna:입유入流)를 얻고, 어떤 이는 사다함과(斯陀含, Sakrdagamin:일래一來)를 얻었으며, 어떤 이는 아나함과(阿那含, Anagamin:부래不來)를 얻고, 어떤 이는 아라한과(阿羅漢, Arhan:응공應共)를 얻었으며, 또 어떤 이는 보살도 지위인 일지一地를 얻거나 이지, 삼지, 사지, 오지, 나아가서는 십지十地를 얻었다. 또한 셀 수 없는 뭇 중생들은 불도를 이루고 싶은 깨달음의 마음인 보리심을 내었다.
　그 때 대범천왕大梵天王이 자리에서 일어나 옷을 바르게

추스리고 손 모아 공경히 관세음보살에게 말씀드렸다.

"거룩하십니다. 위대한 스승이시여, 제가 옛날부터 한량없는 부처님들의 모임에 참석하여 갖가지 법과 갖가지 다라니를 들어보았지만, 이처럼 '걸림 없는 대 자비심이 일어나게 하는 다라니의 신기하고 묘한 말씀'을 설하심은 일찍이 들어보지 못했습니다. 위대한 스승께선 저희를 위해 다라니의 실상에 대하여 말씀해 주십시오. 다라니의 참모습은 어떠한 형태와 어떠한 현상形貌狀相으로 나타나는지를 말씀해 주십시오. 저희 대중은 기꺼이 들으려 합니다."

관세음보살이 대범천왕에게 말씀하셨다.

"그대는 뭇 중생들에게 이익을 주기 위하여 자비한 마음으로 이렇게 다라니의 참모습에 대하여 묻는구나. 내 그대들을 위해서 간략히 이야기해 줄 것이니 잘 들어라."

관세음보살은 말씀하셨다.

"크나큰 자비의 마음〔대자비심大慈悲心〕이 곧 다라니며, 일체에 평등한 마음이 곧 다라니며, 함이 없는 무위심이 곧 다라니며, 어디에도 물들지 않는 무염착심이 곧 다라니며, 모든 것을 공으로 보는 마음이 곧 다라니며, 일체를 공경하는 마음이 곧 다라니며, 치우침 없이 평등한 마음〔평등심平等心〕이 곧 다라니며, 늘 자신을 낮추는 마음〔비하심卑下心〕이 곧 다라니며, 혼란함이 없는 무잡난심無雜亂心이 곧 다라니며, 무견취심無見取心인 무엇을 가지고 싶어하는 욕심이 없어 편안한

마음이 곧 다라니며, 위없는 깨달음의 마음을 내는
무상보리심無上菩提心이 다라니이니라. 마땅히 알라. 이와 같은
마음들이 다라니의 모습이니, 너희들은 이러한 다라니의
마음상태에 의지해서 수행해야 하느니라."하고 말하자 다시
대범천왕은 말했다.

"저희들은 무애대비심을 일으키는 다라니를 바로 받아 가지는
마음상태와 옳게 행하는 몸가짐의 태도를 이제서야 비로소
알았으니 지금부터 다라니를 외울 때는 이와 같은 마음자세로
잘 받아 지녀 잊지 않겠습니다."

관세음보살이 말씀하셨다.

"만약 훌륭한 남자와 여인으로서 이 신주를 받아 지니는 자는
넓고 큰 깨달음을 이룰 것을 발원하고, 뭇 중생들을 불도로
인도할 서원을 세우며, 몸으로 항상 깨끗한 생활 규범規範을 잘
지키며, 모든 중생들에게 평등한 마음을 가지고, 이 주를 항상
외워 끊어지지 않도록 해야 한다. 늘 고요한 방에 머물러,
깨끗이 목욕하고, 깨끗한 옷을 입으며, 깃발을 걸고, 등을
밝히며, 향과 꽃 그리고 백가지 맛있는 음식을 불전에
공양하고, 한결같은 마음으로 다라니를 외우라. 오로지
이렇게만 수행하라. 다라니를 독송하는 자가 공연히 이것저것
다른 수행법을 닦지 말고, 전일한 마음으로 이 다라니만을
법과같이 외워 지녀라〔제심일처 경막이연制心一處 更莫異緣〕.
그러면 그때 일광보살·월광보살이 한량없는 신선들과 같이

와서 증명해 주고, 그 신기한 영험을 더해 줄 것이다. 나도 그때 마땅히 천의 눈으로 비추어 보고 천의 손으로 보살펴 줄 것이다."

다라니를 독송하면 이러한 신통한 지혜를 받으므로 수행자는 저절로 옛날부터 있어온 세간의 경전을 모두 받아 지니게 되고, 자신 밖에서 무엇을 구하는 외도外道들이 가르치는 법과 베다와 다른 책들도 모두 통달해 알게 된다.

이 다라니를 외워 지니는 자는 세간의 팔만사천가지 병을 모두 다스려 치료하지 못할 것이 없게 되고, 또한 모든 귀신을 부리며, 모든 하늘 마군을 누르고 모든 외도들을 제압하게 된다.

만약, 산이나 들에서 경을 외우고 좌선坐禪할 때, 산에 사는 도깨비나 잡된 귀신들이 괴롭히고 어지럽혀서 마음이 안정되지 못하는 자가 이 다라니를 한편 외우면, 이 모든 귀신들이 모두 다라니의 위력에 사로잡히게 된다. 만약 법과같이 외워 지녀서 뭇 중생들에게 크나큰 자비로 봉사할 마음을 일으키는 자는 내가 마땅히 모든 착한 신들과 용왕, 금강밀적金剛密跡 손에 금강저를 들고 불법을 옹호하는 천신들에게 분부를 해서 그 사람을 보호키 위하여 그 곁을 잠시도 떠나지 않도록 하되 스스로 자기 눈동자를 보호하듯 자기 목숨을 보살피듯 하도록 하겠다.

내가 저 호법성중에게 분부하는 게偈는 다음과 같다.

눈동자를 보호하듯 그대들을 수호해줄 분부게를 설하리라
나는이제 보내노니 밀적금강 오추슬마 화두금강 역사들과
보배병든 군다리와 앙구시란 무기들을 손에손에 잡고있는
상가라들 팔부금강 역사에게 분부하되 다라니를 받아지녀
밤낮없이 외우는자 짬도없이 보호하라 내가지금 명하노라
내가지금 명하노니 마혜슈라 나라연과 금강나타 가비라는
다라니를 받아지닌 수지자께 달려가서 마땅하게 보살펴라
내가지금 파급들과 사루라와 만선거발 진다라를 보내노니
다라니를 받아지녀 외우는자 두루두루 무사하게 보살피라
내가지금 살차들과 마화라와 구란단타 반지라께 명하노라
다라니를 받아지녀 열심히들 외우는자 마땅하게 보살펴라
나는이제 필바들과 가라왕과 응덕비와 살화라께 명하노라
다라니를 받아지녀 지극하게 외우는이 불편없이 보살펴라
나는이제 대법천왕 삼발라와 다섯부류 정거천과 염마라께
명하노라 다라니를 받아지녀 외우는이 편안하게 보호하라
나는이제 삼십삼천 제석왕과 큰변재의 공덕갖춘 파달라께
명하노라 다라니를 외우는이 무탈하게 짬도없이 지켜보라
나는이제 제두뢰타 신모녀의 크나큰힘 가진무리 보내어서
다리니를 한결같이 외우는이 항상지켜 보살피게 명하노라
나는이제 증장천왕 광목천과 비사문천 보내어서 다라니를
외우는이 근기따라 항상지켜 어느때나 보살피라 명하노라

나는이제 금빛환한 공작왕과 이십팔부 큰신선의 무리들을
보내어서 다라니를 받아지녀 외우는이 보살피라 명하노라
나는이제 마니구슬 발타라와 산지대장 불라바등 보내어서
다라니를 받아지녀 외우는이 짬도없이 보살피라 명하노라
나는이제 난타용왕 발란타와 바라가용 이발라의 용왕들을
보내어서 다라니를 받아지녀 외우는자 보호하라 명하노라
나는이제 아수라와 건달바왕 가루라와 마후라가 긴나라께
분부하여 다라니를 신심수지 하는자를 옹호토록 명하노라
팔부신중 호법성중 명하여서 다라니를 받아지녀 외우는이
환경따라 보살펴서 어느때나 빈틈없이 보호받게 하오리라
나는이제 물과불과 번개신과 구반다왕 비사각등 보내어서
다라니를 받아지녀 한결같이 외우는자 보호하게 하오리라

  이 모든 좋은 신들과 옹호하는 무리들은 각기 500명의 권속이 있으니, 큰 힘을 가진 야차(夜叉, Yaksa)가 권속이 되어 늘 곁에 따라 다니며 보살펴 준다.
  대비신주를 외워 지니는 그 사람이 빈 산이나 넓은 들판에서 홀로 외로이 자게 되면, 이 모든 좋은 신들이 번갈아 가며 밤새 지켜 주면서 재앙과 장애를 물리쳐 줄 것이다. 만약 깊은 산 속에서 길을 잃고서 이 다라니를 외우면 좋은 신과 용왕이 좋은 길잡이로 몸을 변화하여 사람으로 나타나서 그에게 바른 길을 보여 줄 것이다. 또한 깊은 산 숲속에서나 넓은 들판에서 물과

불이 부족하게 되면 용왕이 보살펴 주기 때문에 물과 불이 솟아나게 될 것이다.

관세음보살은 다시 다라니를 외워 지니는 자를 위해, 재해가 멸하고 번뇌가 소멸하여 마음이 상쾌해지는 게를 다음과 같이 설했다.

구고면난 심청게 救苦免難心淸偈

어떤사람 넓은광야 산택중을 지나갈때
호랑이나 악한짐승 이리떼를 만나서나
뱀과전갈 도깨비와 귀신중을 접할때도
수지하는 다라니의 독송소리 듣게되면
주문외는 위신력에 해할맘을 품지않네.
어떤사람 강과호수 넓은바다 건너갈때
독룡이나 발달린용 마갈수란 짐승무리
야차나찰 힘센고기 자라떼를 만날때도
지송하는 다라니의 송주소리 듣게되면
스스로들 놀라워서 추한몸을 숨기누나.
어떤사람 군진이나 적진중에 포위되어
어쩌다가 악인들께 재보들을 빼앗길때
대비주를 지성으로 외우면은 해치려던
무리들이 자비한맘 일으켜서 돌아가리

어떤사람 관록먹다 옥에갇혀 족쇄찰때
대비주를 지성으로 외우면은 자연스레
사면받아 묶인몸이 해방되어 자유얻네.
어떤사람 여행길에 독충집을 잘못들고
독물음식 잘못먹어 몸에고통 심하올때
대비주를 지성으로 외우면은 신통하게
독이변해 감로수로 화해져서 편안하리.
어떤여인 해산시에 순산못해 애태움은
요사스런 사마들의 옥문장난 역산고라
죽음같은 고통으로 산모생자 넋잃을때
대비주를 지성으로 외우면은 사무치게
괴롭히던 귀신들의 요사들이 물러들가
안락하게 아들이나 딸자식을 낳게되리.
독한용과 역귀들이 유행하며 독병균을
온세상에 퍼트려서 열병으로 죽게될때
지성으로 대비주를 독송하면 전염병들
소멸되어 민생건강 걱정없이 장수하네.
용과귀신 독한기로 악성종양 앓게될때
옹창농혈 고통심해 견뎌내기 어려울때
대비주를 지성으로 외우면서 입안의침
종기에다 세번뱉아 바른다면 종멸하리.
중생탁의 오탁악세 탁한맘들 원심품고

원수에게 저주로써 한풀려고 염매주로
귀신부려 요사스리 신술로써 해입힐때
대비주를 지성으로 소리내어 외우면은
나쁜귀신 염매귀가 본인에게 돌아가리.
나쁜인간 음탕해서 이성윤리 상실하여
음욕불길 치성하여 밝은마음 전도되어
가정마저 저버리고 서첩에만 맘이가서
밤낮으로 사음생각 쉴새없는 추한인간
만약능히 대비주를 지성으로 외게되면
불길같던 삿된음심 구렁에서 벗어나리
내가만약 대비주의 공덕력을 광찬하면
일겁동안 끊임없이 칭양하고 찬탄해도
한시로나 광장설론 위신력을 말못하네.

다라니 외우는 공덕

그때 관세음보살이 대범천왕에게 말씀하셨다.
"이 주呪를 다섯 번 외운 뒤 다섯 가지 빛깔의 실을 가져다 노끈을 만들어 주를 스물 한번 외우고 스물한개의 매듭을 만들라.
　이 다라니는 과거 99억 갠지스강의 모래 수와 같은 모든 부처님들께서 설하신 바인데, 그 모든 부처님들은 다 여러 수행자들을 위하시기 때문이다. 그것은 부처님들께서 육바라밀의 실천이 완전하지 못한 자로 하여금 빨리 완전하게 하도록 하기 때문이며, 바른 깨달음의 마음을 내지 못한 자로 하여금 빨리 바른 깨달음의 마음을 내게 하기 때문이며, 성문의 사람으로서 아직 해탈도의 성과를 얻지 못한 자로 하여금 빨리 해탈의 성과를 얻게 하기 때문이며, 삼천대천세계 안의 여러 좋은 신들로서 위없는 깨달음의 마음을 내지 않은 자들로 하여금 빨리 깨달을 마음을 내도록 하기 때문이며, 아직 대승에 대한 깊은 신뢰를 갖지 못한 모든 중생들은 이 다라니의 위신력으로 대승 종성에 대한 발심이 자라나기 때문이다.

그리고 나의 광대한 자비의 힘 때문에 필요로 하는 바를 모두 이루게 되며, 삼천대천 세계의 깊고 어두운 곳에서 세 갈래 고통의 길에 헤매는 뭇 중생들도 나의 이 다라니를 들으면 모두 고통을 여의게 되기 때문이다.

또 여러 보살 가운데 처음 바른 깨달음의 마음을 낸 지위 초발심주(初發心住 : 십주十住의 첫 자리로서 중도실상中道實相을 바르게 이해한 지위)까지 오르지 못한 자를 그 지위에 빨리 오르도록 하며, 나아가서는 십주의 지위에 빨리 오르도록 하고, 또 부처님의 지위 불지佛地에 까지 이르도록 하기 때문이니, 그 사람들은 자연히 서른두가지 잘생긴 모습 삼십이상三十二相과 여든 가지 보기 좋은 기품의 팔십종호八十種好를 성취하게 된다.

만약 성문의 사람으로 이 다라니를 들어 한번이라도 귀에 스치기라도 한 자나 이 다라니를 베껴 쓴 자, 소박하고 곧은 생각으로 법답게 살아가는 자는 사문의 네 가지 해탈의 성과[사사문과四沙門果 : 수다원·사다함·아나함·아라한의 사과四果]를 구하지 않아도 스스로 얻게 된다. 저 삼천대천 세계 가운데 산과 냇물, 석벽, 큰 바닷물도 능히 끓어오르게 하며, 수미산과 철위산을 능히 흔들어 움직이게 하며, 또 가는 티끌처럼 부수어 버리며, 그 가운데 뭇 중생들로 하여금 위없는 깨달음의 마음을 내게 한다.

만약 뭇 중생들 가운데 현세에 원을 구하는 자는

삼칠일(21일)동안 재계(齋戒 : 재齋란 - 신심을 고요히 하여 식을 밝히고, 계戒란 - 부정한 행위를 금하여 정신을 맑히는 것)를 지니고 이 다라니를 외우면 원하는 바를 반드시 이루게 된다. 한번 나고 죽어 다음의 나고 죽음에 이르도록 모든 나쁜 업이 다 사라지며 삼천대천 세계 안의 모든 부처님과 보살, 대범천, 제석, 사천왕, 신선, 용왕이 그 사람의 공덕 얻음을 모두 다 증명해 줄 것이다.

만약 모든 사람과 하늘 대중으로서 이 다라니를 외워 지니는 자가 강이나 냇물 큰 바다 가운데서 목욕하면, 그 물 가운데 있는 모든 부류의 중생들은 이 사람이 몸을 씻은 물이 그들의 몸을 적시기만해도, 모든 잘못된 행위와 무거운 죄가 모두 사라지면서 그 사람이 죽게 되면 곧 타방정토에 태어나 연꽃에 화생하여, 태의 몸이나 습기의 몸, 알의 몸을 받지 않는다. 그런데 하물며 스스로 받아 지녀 외우는 자야 일러 무엇하겠는가.

만약 다라니 외워 지니는 자가 길을 갈 때 때마침 큰바람이 이 사람의 몸이나 머리카락 또는 옷을 스치고 지나갔다면, 모든 부류의 중생들은 다라니 외운 그 사람의 몸에 나부낀 바람이 저들의 몸에 불어 닿기만 해도 모든 무거운 죄와 아울러 못된 행위의 습관이 모두 사라져 다시는 세 갈래 나쁜 악도의 길에 떨어지는 과보를 받지 않고 늘 부처님의 앞에 회생하게 된다. 그러므로 이 다라니를 받아 지니는 자는 복덕의 과보가 이루

말할 수 없고 생각할 수 없는 줄 알아야 한다. 이 다라니를 외워 지니는 자가 입으로 내는 언어가 좋은 언어든 나쁜 언어든 모든 하늘 마구니, 외도들, 하늘, 용, 귀신들이 들으면 다 깨끗한 진리의 소리로 들려, 모두 그 사람에게 공경하는 생각을 일으켜 부처님처럼 존경하게 된다.

그러므로 이 다라니를 외워 지니는 자, 이 사람이 곧 모든 부처님께서 머무시는 불신장佛身藏인 줄 알아야 하나니, 왜냐하면 99억 갠지스강의 모래알과 같은 모든 부처님께서 이 다라니를 아껴 사랑하기 때문이며, 이 사람이 곧 광명의 몸, 광명신光明身인 줄 알아야 하나니, 일체 여래가 밝은 빛으로 항상 그 사람의 몸을 비추시기 때문이다.

이 사람이 곧 한량없는 자비의 창고, 자비장慈悲藏인 줄 알아야 하나니, 왜냐하면 이 사람이 늘 다라니로써 뭇 중생들을 구제하기 때문이며, 이 사람이 곧 다함 없는 묘법의 창고, 묘법장妙法藏인 줄 알아야 하나니, 모든 다라니의 문을 널리 거두어 다 가지고 있기 때문이다.

이 사람이 곧 몸과 뜻과 의식이 평정을 이루어 평화로운 심경에 이른 선정의 창고 선정장禪定藏인 줄 알아야 하나니, 백천 삼매가 늘 그의 앞에 나타나기 때문이며, 이 사람이 끝없는 허공의 창고 허공장虛空藏인 줄 알아야 하나니, 늘 공한 지혜로써 뭇 중생들을 살피기 때문이다.

마땅히 알라 이 사람이 두려움 없는 창고, 무외장無畏藏인 줄 알아야 하나니, 왜냐하면 두려움이 없는 용과 하늘과 선신들이 늘 보살펴 지켜 주기 때문이며, 마땅히 알라 이 사람이 곧 말 잘하는 묘한 언어의 창고, 묘어장妙語藏인 줄 알아야 하나니, 그 사람의 입에서는 항상 다라니의 묘한 음성이 끊어지지 않기 때문이다.

마땅히 알라 이 사람이 있는 고장은 어떠한 경우라도 무너지지 않고 늘 그대로 있는 상주장常住藏인 줄 알아야 하나니, 왜냐하면 물, 불, 바람의 삼재의 재앙이 들이닥치는 나쁜 시대 악겁惡劫을 만나더라도 어떠한 재앙도 감히 그 다라니 외우는 사람이 있는 곳을 침해하지 못하기 때문이다. 마땅히 알라 이 사람이 곧 모든 것으로부터 초월하는 해탈의 창고, 해탈장解脫藏인 줄을 알아야 하나니, 왜냐하면 저 많은 일천마와 일천 외도들이 온갖 교묘한 감언이설로 꾀어도 감히 그의 마음을 끌지 못하기 때문이다.

마땅히 알라 이 사람이 곧 온갖 병을 다스리는 약의 창고, 약왕장藥王藏인 줄 알아야 하나니, 이 사람이 항상 다라니를 외움으로써 뭇 중생들의 무거운 중병을 고쳐주는 약왕보살과 같기 때문이며, 마땅히 알라 이 사람이 곧 신통의 창고, 신통장神通藏인 줄을 알아야 하나니, 왜냐하면 이 사람이 모든 부처님의 나라를 마음대로 유람을 하기 때문이다.

이처럼 다라니 수지자의 공덕을 아무리 찬탄해도 다 말할 수는 없다.

선악을 멀리 떠난 선남자나, 혹 어떤 사람이 세간의
번거러움을 싫어하여 행복幸과 불행不幸의 감성에서 벗어나 안락한
영생의 기쁨을 누리고자 하는 자는, 소음을 멀리 떠난 한적한
곳에 청정한 처소를 설정해놓고 다라니 외울 때만 입는 옷을
별도로 입고, 정화수나 과일 공양이나 향이나 꽃을 올리고,
다라니를 108번 외우고 먹으면 반드시 긴 수명을 얻는다. 이와
같이 혼탁을 멀리 떠난 구역에 수행장을 선택하여 위와 같이
법답게 그대로 받아 수행하면 일체 모든 것을 이루게 된다.
　수행도량을 설정하는 신비로운 방법은 칼을 가지고 주呪를
스물 한번 외운 뒤 그 칼로 땅에 금을 그어 구역을 설정하기도
하며, 깨끗한 물을 가지고 주를 스물 한번 외운 뒤 그 물을
사방에 뿌려 구역을 설정하기도 한다. 또한 흰 겨자를 가지고
주를 스물 한번 외운 뒤 사방에 뿌려서 구역을 설정하기도
하며, 깨끗한 재를 가지고 주를 스물 한번 외운 뒤 사방에
뿌려서 구역을 설정하기도 하고, 또는 다섯 가지 빛깔의 실을
가지고 주를 스물 한번 외운 뒤 사방에 빙 둘러 쳐서 구역을
설정하기도 한다.
　이같이 법답게 이 주를 받아 지녀 그대로 실천하면 모든 것이
인간의 상식이나 자연의 섭리를 초월하여 스스로 좋은 결과를
얻게 된다.
　이 '신묘장구대다라니' 라는 이름이나 글자를 듣고 보기만 해도
한량없는 겁의 나고 죽음의 무거운 죄를 없앨 수 있는데 하물며

이 다라니를 외워 지니는 자야 더 말해 무엇하랴.

　이 신묘한 주를 이미 얻어 외우는 자는 벌써부터 한량없는 부처님에게 공양하고 널리 여러 가지 선근을 심은 줄 알아야 한다.
　만약에 누가 뭇 중생들의 고통과 어려움을 근본적으로 뿌리째 뽑아주려고 하면 그들을 위해 반드시 법과 같이 다라니를 외워 지니게 하면 그는 이미 크나큰 자비를 갖춘 사람이 됨으로 이 사람은 오래지 않아 반드시 부처님이 될 줄 알아야 한다.
　이 사람을 보는 사람들은 모두 다라니를 외우게 되며, 그들의 귀로 다라니소리를 듣도록 하여 그들에게 깨달음의 씨앗菩提因을 심어 주니, 이런 사람의 공덕은 한량없고 끝이 없어서 아무리 칭찬해도 다할 수 없다.
　누구나 정성스러운 마음으로 부처님의 계율로써 몸을 맑히고 항상 마음을 밝히는 심제心齊와 몸을 깨끗이 다스리는 신계를 지키며, 온갖 중생들을 위해 지난날의 잘못된 행위로 지은 모든 허물을 뉘우치며, 스스로도 한량없는 세월동안 지어 온 잘못된 습성의 행위를 참회하면서 입으로는 항상 이 다라니를 쉼 없이 외워 송주 소리가 끊어지지 않게 하는 이 사람은 출가 사문의 네 가지 해탈의 성과를 다음 생이 아닌 금생에서 얻는다.
　출중하게 뛰어난 지혜로운 사람이라면 원각의 진공을 투시해 보는 혜관慧觀의 슬기가 있어서 단박에 십지과十地果의 지위에 뛰어 오름도 어렵지 않은데, 하물며 세간의 사소한 작은 복덕의 과보야 말해 무엇하겠는가.

  이런 사람은 무엇이나 구하고 원하면 끝내 이루지 못할 것이 아무 것도 없는 자이다. 만약 누가 귀신을 종같이 부리고자 하면 저 산야에 묻혀있는 해골 머리 부분을 주워다가, 이것을 깨끗이 씻은 다음 천수천안관음상 단 밑에 해골을 놓고 단위에는 갖가지 향과 꽃 음식을 차려서 칠일동안 제사 지내주면 반드시 그 해골의 주인인 귀신이 사람의 몸으로 나타나서 그 사람이 시키는 대로 따를 것이다.

  만약 누가 사천왕을 부리고자 하는 자는 천수천안 보살상전에서 다라니를 외우고 향을 피워 올리면, 관음보살의 크나큰 자비의 원력이 심중한 고로, 사천왕을 마음대로 심부름시킬 수 있다. 이것은 다라니의 위신력이 워낙 광대하기 때문이다.

  다시 경전으로 들어가 보자.

  부처님께서 아난에게 말씀하셨다.
  "만약 국토에 재난이 일어날 때, 그 나라의 지도자가 바른 법으로 나라를 다스리고, 사람들을 자유롭게 하여주고, 민중을 억압하지 않으며, 사람들의 허물과 죄를 너그럽게 보아 옥에서 풀어주고는, 칠일동안 낮과 밤으로 몸과 마음을 다하여

대비심다라니의 신묘한 주를 외워 지니면, 그 국토의 모든 재난을 다 사라지게 할 것이며, 오곡이 풍성하고 민중이 모두 안락하도록 할 것이다.

만약 다른 나라의 원수와 적이 자주 침입하여 민중을 불안하게 하고, 충성해야할 대신이 반역하며, 세상엔 몹쓸 전염병이 떠돌고, 수재의 물난리와 한발의 가뭄이 혹심하며, 해와 달이 법도를 잃는 등 이러한 갖가지 재난이 다투어 일어날 때는, 천수천안 대비심 보살의 거룩한 불상을 조성하여 서쪽으로 모셔놓고 여러 가지 향과 꽃, 깃발과 보배당번과, 또는 백가지 맛의 음식으로 지극히 정성을 다해 공양하라. 그 나라 정치지도자가 이렇게 하기를 칠일 낮과 밤으로 몸과 마음을 다해 신묘장구대다라니를 외우며 정진하면, 타국의 원수의 적들이 스스로 항복하고 물러나게 될 것이며 각기 자기 나라로 돌아가서 다시는 서로 침입하여 괴롭히는 일이 없을 것이다.

그러면 자연히 나라는 상하가 자비한 마음이 서로 상통하게 되고 온 나라 국민이 한가족처럼 화합하여 관리들은 모두 충직하게 되고 왕자나 백관이 충성하게 된다. 역시 왕비나 왕후, 시녀들이 모두 효성스러워 왕을 공경하게 되리라.

국운의 조화를 담당하는 모든 용과 귀신들이 그 나라를 옹호하니, 자연히 때맞추어 비를 내려 대지가 윤택하게 되고, 오곡 백과는 절로 풍성하여 백성들이 풍요로움에 즐거워 할 것이다.

또 어느 집안에서 아주 몹쓸 병과 기괴한 흉조가 다투어 일어나고, 귀신과 사악한 마구니들이 그 가정을 어지럽히며, 나쁜 사람들이 악담을 함부로 지어내어 구설수로 온 집안의 대소간과 내외간에까지도 불화하도록 서로 모반할 때는 천수천안 관음보살상을 모셔놓고 지심으로 관세음보살을 부르며 이 다라니를 외워 천 편을 채우면, 위와 같이 흉악한 일들이 모두 사라지게 되어 길이 안온함을 얻게 될 것이다."

아난이 부처님께 여쭈었다.

"세존이시여, 이 주의 이름은 무엇이며 어떻게 받아 지녀야 합니까?"

부처님께서는 아난에게 말씀하셨다.

"이 신묘한 다라니 신주神呪에는 갖가지 이름이 있으니 그 한 이름은 '넓고 커 두루 원만한 광대원만廣大圓滿'이며, 한 이름은 '걸림 없이 크나큰 자비 무애대비無礙大悲'이며, 한 이름은 '고통을 구제해 주는 다라니, 구고다라니救苦多羅尼'이며, 한 이름은 '목숨을 늘려 주는 다라니 연수다라니延壽多羅尼'이며, 한 이름은 '나쁜 악도에 떨어짐을 길이 멸해버리는 다라니, 멸악취다라니滅惡趣多羅尼'이며, 한 이름은 '악업의 장애를 깨부수어 버리는 다라니, 파악업장다라니破惡業障多羅尼'이며, 한 이름은 '발원을 가득 가지는 다라니, 만원다라니滿願多羅尼'이며, 한 이름은 '마음먹기에 따라 자제하게 이루어지는 다라니,

수심자재다라니隨心自在多羅尼'이며, 한 이름은 '속히 보살의 높은 수행의 지위에 빨리 뛰어 오르게 하는 다라니, 속초상지다라니速超上地多羅尼'이니 그 이름의 뜻처럼 그렇게 받아 지니라."

아난이 부처님께 여쭈었다.

"세존이시여, 그 보살마하살 이름의 함자가 어떤 것들인데 이와 같은 다라니를 잘 설하실 수 있습니까?"

부처님께서는 말씀하셨다.

"이 보살의 이름은 '세간의 소리를 살펴보는 것이 자재한, 관세음자재觀世音自在'이며, '구원의 줄을 잡고 있는 자, 연색捴索'이며, '천개의 빛나는 눈을 지닌 자, 천광안千光眼'이다. 선남자야, 이 관세음보살은 이루 말할 수 없고 생각할 수 없는 위신력을 성취하신 분으로, 이미 지나간 한량없는 겁중에 이미 부처를 이루어 그 이름을 정법명여래正法明如來라 하였느니라. 정법명여래께서는 크나큰 자비의 원력을 품으시고 모든 보살들을 대표해서 일체중생들을 안락하게 하고 불자들로 하여금 성불로 성숙시키기 위해서 현재 보살의 지위에 머물러 계시느니라.

너희들 여러 대중과 모든 보살마하살과 대범천왕, 제석과 용, 신들은 모두 공경히 예경 할 것이며 감히 교만하여 경솔함이 없도록 하라. 일체 모든 사람과 하늘의 대중들도 반드시 항상 공경공양 찬탄하면서 한결같은 마음으로 관세음보살의 이름을 부르라. 그러면 그대들은 한량없는 복을 얻고 한량없는 죄를 없애, 삶이 끝나 목숨이 마치면 아미타불의 극락세계에 가서 화생하게 될 것이다."라고 하셨다.

병을 다스리는 장

　부처님께서는 아난다에게 말씀하셨다. "이 관세음보살이 설한 신묘한 주는 진실하여 헛되지 않다. 이 보살을 청하여 오시게 하려면 졸구라향拙具羅香:安息香을 태우면서 다라니를 스물 한편 외우면 보살이 즉시에 오신다. 만약 고양이 새끼 괴귀가 붙은 사람은 이리타나弭貍吒那(고양이 머릿골)를 태워 재를 만든 다음, 깨끗한 진흙에 섞어 고양이 모습을 빚어 만들어서, 천안상 앞에서 단단한 쇠칼을 들고 다라니를 108편 외우고, 진흙덩어리 고양이를 108조각으로 쪼개는데, 한 조각 한 조각 낼 때마다 다라니를 한편씩 외운다. 또한 한편씩 외울 때마다 그 환자의 이름을 한 번씩 부르면 곧 자폐증 현상의 병이 나아 다시는 고양이 괴귀가 붙어 다니지 않을 것이다.

　만약 벌레의 독에 해를 입은 사람은 겁포라향劫布羅香:龍腦 (한약방에 있음)을 가져다 졸구라향에 섞어 똑같이 나누어 정화수 한 되와 섞어 다려서, 그 한 되의 끓인 물을 천안상 앞으로 가져가 다라니를 108편 외우고 마시면 곧 낫는다.

만약 독한 뱀이나 전갈에 쏘인 자는 마른 생강 가루를 가져다 다라니를 열일곱편 외우고 상처에 붙이면 선 채로 곧 낫게 된다.

만약 악한 원수로 부터 음해를 받거나 투서로 모함을 받는 자는 깨끗한 흙이나 밀가루 또는 밀납을 가져다 모함하는 자의 본 모습을 빚어 만들어서 천안상 앞에서, 단단한 쇠칼로 다라니를 108편 외우면서 한 편 외울 때 한 번 자르고 또 그의 이름을 한번씩 불러서 108조각을 태워 버리면, 그 원수가 오히려 반가이 맞이하며 몸이 다하도록 공경하므로 서로는 막중한 은애의 사이가 될 것이다.

만약에 눈병을 앓아서 눈동자가 괴사된 사람이나 또 눈을 번히 뜨고도 앞을 못 보는 녹내장 환자, 또 눈에 백내장이 생기고 흰 무살이 끼거나 붉은 막이 눈동자에 끼어있어 앞을 보지 못하는 사람은 아리륵과 암마륵과 그리고 비혜륵과 이 세 가지를 각기 한 알씩 가져다 잘 찧어서 곱게 갈아 분말이 되게 하라. 갈 때에는 반드시 깨끗하게 간수해서 새로 임신한 부인이나 돼지나 개가 보지 못하도록 하고 입으로는 염불하면서 흰 풀이나 사람 젖과 반죽을 하여 눈 가운데 붙이라. 그런데 사람의 젖을 쓸 경우에는 반드시 남자아이에게는 어머니 젖으로 섞고, 여자아이에게는 어머니 젖이 아니라도 된다. 약이 다 섞어지면 다시 그 반죽한 것을 천안상 앞에 놓고 다라니를 1,008편 외우고 나서 환자의 눈 가운데 붙여 가지고 칠일을 채우라. 주의할 것은 환자는 안방에 들어가 바람을 쐬는 것을 삼가하면 눈동자가 자연히 살아 돌아온다. 또 눈뜨고도 못 보던 사람이나 눈에 흰 무리가 낀 사람도 기이하게도 맑은 안광을 회복할 것이다.

만약 학질을 앓는 사람은 호랑이나 표범, 늑대나 이리의 가죽을 구해다가 다라니를 스물 한 편 외우고 그 가죽을 펴서 몸 위에 덮으면 곧 낫는데, 사자의 가죽이 가장 약효가 뛰어나다.

만약 뱀에 물린 사람은 뱀에 물린 사람의 귓구멍 속의 굳은 귀지를 가져다 다라니를 스물한 편 외우고 상처 가운데 붙이면 곧 낫는다.

만약 몹쓸 학질이 심장에 들어가 기절해서 죽으려는 사람은 복숭아 굳은 것 한 알, 크거나 작거나 복숭아 알이면 되는데 이것을 가져다가 맑은 물 한 되와 섞어 달여 반되로 만들어 다라니를 일곱 편 외운 뒤 바로 마시면 곧 낫는다. 그 약은 부인이 달이지 말아야 한다.

만약 사람 시신의 악기가 전염되어 병을 앓는 사람은 졸구라향을 가져다 다라니를 스물한 편 외우고 향을 피워 콧구멍에 기운을 쐬고, 또 향을 토끼똥 만큼 일곱 알을 만들어 다라니를 스물 한편 외우고 난 뒤 삼키면 낫는다. 다만 술과 고기, 다섯 가지 매운 음식(파, 마늘, 부추, 달래, 고추)과 남을 꾸짖는 욕설은 삼가야 한다.

만약 소아가 상가(초상집)에서 전염되는 궐귀병을 앓을 때는 마나시라摩那屎羅(웅황)를 가져다 흰 겨자 가루와 소금을 섞어 다라니를 스물한 편 외우고 아픈 아이의 침상 아래서 태우면, 그 병을 앓게 하는 마魔가 달아나 가버리고 감히 다시는 머물지 않게 될 것이다.

만약 귀머거리 병을 앓는 자는 다라니를 외우면서 호마유胡麻油를 귓속에 바르면 곧 낫는다.

만약 몸의 한 쪽이 반신불수가 되어 귀와 코가 통하지 않고 손발이 마비된 사람은 호마유를 가져다 청목향靑木香과 같이 다려서 다라니를 스물한편 외우고 마비된 몸 위에 바르면 중풍이 길이 낫게 된다. 또 아직 발효시키지 않은 우유 가운데

소酥를 가져다 다라니를 스물 한편 외우고 몸 위에 문지르면 또한 낫게 된다.

만약 아이 낳을 때 아이가 잘 나오지 않아 고통받을 때는 호마유를 가져다 다라니를 스물 한편 외우고 아이 낳는 부인의 배꼽과 옥문 가운데를 문지르면 아기를 쉽게 낳게 된다.

만약 부인이 밴 아이가 뱃속에서 죽게 되면 '아파말리가'라는 풀(牛膝草:우슬초)을 가져다 소나기를 받은 맑은 물 두 되에 섞어 다려 한 되가 되게 해서, 다라니를 스물 한편 외우고 마시면 하나도 고통이 없이 죽은 아이가 나오게 된다. 만약 태 옷이 나오지 않을 때도 이 약을 마시면 곧 낫는다.

만약 갑자기 심장이 아파 견딜 수 없는 사람은 그 병명을 죽은 사람의 시체로부터 전염되는 시귀기屍鬼氣라 하는 병인데, 이때는 군주로향(君柱魯香:훈육향) 젖꼭지 만한 것 한 알을 가져다 다라니를 스물 한편 외우고 입안에서 씹어 삼키면 자연히 토하게 되는데 먹은 것이 많고 적고 간에 한정하지 말고 토해내게 하면 낫게 된다. 토한 후로는 술, 고기와 다섯 가지 매운 음식을 삼가해야 한다.

만약 불에 타서 상처를 입은 사람은 열구마니(熱瞿摩尼:검은 소똥)를 가져다 다라니를 스물 한편 외우고 상처에 바르면 곧 낫는다.

만약 회충이 심장을 씹는 병을 앓는 사람은 골로말차(骨魯末遮:흰말의 오줌) 반되를 가져와 다라니를 스물 한편 외우고 마시면 곧 낫는다. 그 병이 무거운 사람은 한 되를 마시면 벌레가 실처럼 빠져 나올 것이다.

만약 악성종양 부스럼을 앓는 사람은 능초잎凌鎖葉을 찧어 그 즙을 가지고 다라니를 스물 한편 외우고 부스럼 위에 발라 붙이면 부스럼의 뿌리가 빠져 나오면서 곧 낫게 된다.

만약 뱃속이 아픈 사람은 정화수에 인성염印成鹽 스물 한알을 섞어, 다라니를 스물 한편 외우고 그 물을 한되 반정도 마시면 곧 낫는다.

만약 눈이 붉어지는 병을 앓는 사람이나 눈 가운데 군살이 있거나 티가 있는 사람은 사사미잎句杞子을 찧어 짠 액을 가지고 다라니를 스물 한편 외운 뒤 그 액에다 푸른 쇠 돈(옛날동전)을 하룻밤 담구어 놓았다가 다라니를 일곱편 외우고 눈 가운데 그 액을 바르면 곧 낫는다.

만약 밤을 무서워하는 병을 앓는 사람은 밤만 되면 불안하고
무서워서 도무지 소변보러 다니는 것조차 두려워 겁내는 사람은
흰 실로 긴 끈을 만들어 가지고는 다라니를 스물 한편 외우는데
한편 한편 외울 때마다 그 끈에 매듭을 하되 스물한개의 매듭을
만들면 두려움이 곧 없어진다. 두려움만 없앨 뿐 아니라
생사중죄까지 소멸함을 얻는다.

　만약 집안에 궂은 일이 일어나 재난이 끊이지 않는 사람은
석류가지를 반팔 길이로 잘라서 108토막을 내어 잘라서 토막낸
두 끝머리에 소락酥酪이나 꿀을 발라 다라니를 한 토막에
한편씩 외우면서 108토막을 다 태우면 재앙이 부절한 가정에
온갖 재난이 모두 없어지게 된다.
　실행할 때에는 반드시 불상 앞에서 이렇게 해야 한다는
점이다.
　또 흰 창포菖蒲 한줄기를 취하여 다라니를 스물 한편 외운 뒤
오른 팔 어깨 위에 붙이고 모든 다투고 경쟁하는 곳이나
논의하는 곳에 가면 반드시 이기게 된다.

　만약 사사미잎(구기자잎)이 달린 가지를 반팔 길이로 잘라
108토막을 내어 가지고 토막낸 두 끝머리에 진짜 소젖 가운데
소락酥酪이나 흰 꿀을 바른 뒤 다라니를 외우면서 한 토막씩
태워 108조각을 다 태우는데 이렇게 하기를 날마다 삼시로

실행하는데 때마다 108편씩 외워 칠일을 채우게 되면 주를
외는 사람이 스스로 깨쳐 지혜를 통달하게 된다.

만약 큰 힘을 가진 귀신을 항복하고자 하는 사람은
아리슬가자木患子를 가지고 다라니를 마흔아홉편 외운 뒤 불
속에 태우는데 반드시 소락이나 꿀을 발라야 한다. 실행할 때
요점은 반드시 관음상 앞에서 해야 된다는 점이다.

만약 호로자나를 유리병 가운데 넣어서 관음상 앞에 놓고서
다라니를 108편 외운 뒤 그 물을 몸에 바르고 이마에 점찍으면
모든 하늘 용 선신 등 여러 무리가 모두 기뻐하게 될 것이다.

만약 몸에 칼이나 족쇄가 채워진 사람은 흰 갈매기의 똥을
가져다 다라니를 108편 외운 뒤 손위에 바르고 칼이나 족쇄에
문지르면 칼이나 족쇄가 스스로 벗겨진다.

만약 부부 사이가 물과 불의 관계와 같이 서로 미워하면
원앙새의 꼬리를 가져다 관음상 앞에 놓고서 다라니를 1,008편
외운 뒤 그것을 몸에 지니면 두 사람은 생을 마치도록 서로
기꺼이 사랑하고 존경하게 될 것이다.

만약 벌레가 밭에 심은 곡식의 싹이나 오종 과실을 다 먹어

버리는 해를 입게 되면 깨끗한 재와 청결한 모래 또는 맑은 물을 가져다가 다라니를 스물 한편 외운 뒤 싹이 자라는 밭의 네 귀퉁이에 뿌려두면 벌레가 모두 물러나 흩어질 것이다. 과일 나무에도 다라니를 외우고 물을 뿌려 주면 나무에 올라온 벌레가 감히 과일을 먹지 못할 것이다."

마흔두가지 손모양을 지으며 외우는 진언
四十二手眞言

부처님께서 아난에게 말씀하셨다.

만약 물질생활이 풍요해지고 진기한 보배와 여러 가지 생활 가구를 얻고자 하면 마땅히 여의주수如意珠手 진언眞言을 외우라.
옴 바라 바다라 훔 바탁

만약 갖가지 불안 속에서 안온함을 구하는 자는 마땅히 견색수絹索手 진언을 외우라.
옴 기리나라 모나라 훔 바탁

만약 뱃속에 갖가지 병을 없애고자 하면 마땅히 보발수寶鉢手 진언을 외우라.
옴 기리기리 바아라 훔 바탁

만약 모든 도깨비와 귀신을 항복하고자 하면 마땅히
보검수寶劍手 진언을 외우라.
옴 제세제야 도미니 더제 삿다야 훔 바탁

만약 모든 하늘 마구니나 귀신을 항복하고자 하면
마땅히 바아라수진언跋折羅手眞言을 외우라.
옴 이베이베 이야 마하 시리예 사바하

만약 모든 원수와 적을 꺾어 항복하고자 하면 마땅히
금강저수金剛杵手 진언을 외우라.
옴 바아라 아니바라 닙다야 사바하

만약 모든 곳에서 두렵고 불안한 사람은 마땅히
시무외수施無畏手 진언을 외우라.
옴 아라나야 훔 바탁

만약 눈이 어두워 빛을 못 보는 사람은 마땅히
일정마니수日精摩尼手 진언을 외우라.
옴 도비가야 도비바라 바리니 사바하

만약 지독한 열병을 앓아 시원함을 구하는 사람은
마땅히 월정마니수月精摩尼手 진언을 외우라.
옴 소싯지 아리 사바하

만약 높은 벼슬자리를 구하는 사람은 마땅히
보궁수寶弓手 진언을 외우라.
옴 아자미례 사바하

만약 여러 좋은 벗들을 어서 만나고자 하는 자는
마땅히 보전수寶箭手 진언을 외우라.
옴 가마라 사바하

만약 몸 위에 있는 갖가지 병을 없애고자 하는 자는
마땅히 양지수楊枝手 진언을 외우라.
**옴 소싯지 가리바리 다남타 목다에 바아라 반다
하나하나 훔바탁**

만약 몸 위의 몹쓸 재앙과 장난을 없애고자 하는
자는 마땅히 백불수白拂手진언을 외우라.
옴 바나미니 바아바제 모하야 아아 모하니 사바하

만약 모든 권속이 화합하려거든
보병수진언寶瓶手眞言을 외우라
옴 아례 삼만염 사바하

만약 모든 호랑이나 이리 표범과 같은 악한 짐승을
물리치고자 하는 자는 방패수傍牌手진언을 외우라.
옴 약삼나나야 전나라 다노발야 바사바사 사바하

만약 어느 때 어느 곳에서나 관재官災를 잘
여의려하는 자는 마땅히 월부수鉞斧手진언을 외우라.
옴 미라야 미라야 사바하

만약 남자거나 여자의 좋은 심부름꾼을 얻고자하는
자는 마땅히 옥환수玉環手진언을 외우라.
옴 바나맘 미라야 사바하

만약 갖가지 공덕을 이루고자 하는 자는 마땅히
백련화수白蓮華手진언을 외우라.
옴 바아라 미라야 사바하

만약 서방 정토에 가 태어나고자 하는 자는 마땅히
청련화수靑蓮華手진언을 외우라.
옴 기리기리 바아라 불반다 훔바탁

만약 큰 지혜를 얻고자 하는 자는 마땅히
보경수寶鏡手진언을 외우라.
옴 미보라 나락사 바아라 만다라 훔바탁

만약 시방의 모든 부처님을 만나 뵙고자 하는 자는
마땅히 자련화수紫蓮華手진언을 외우라.
옴 사라사라 바아라 가라 훔바탁

만약 땅 속에 묻힌 보물을 얻고자 하는 자는 마땅히
보협수寶篋手진언을 외우라.
옴 바아라 바사가리 아나맘나 훔

만약 신선의 길을 성취하고자 하는 자는 마땅히
오색운수五色雲手진언을 외우라.
옴 바아라 가리라타 맘타

만약 범천에 태어나고자 하는 자는 마땅히
군지수軍遲手진언을 외우라.
옴 바아라 서가로타 맘타

만약 모든 하늘 궁전에 가서 태어나고자 하는 자는
마땅히 홍련화수紅蓮華手진언을 외우라.
옴 상아례 사바하

만약 타방의 역적들을 물리치고자 하는 자는 마땅히
보극수寶戟手진언을 외우라.
옴 삼매야 기니하리 훔 바탁

만약 모든 하늘의 여러 좋은 신들을 불러들이고자
하는 자는 마땅히 보라수寶螺手진언을 외우라.
옴 상아례 마하 삼만염 사바하

만약 모든 귀신을 부리고자 하는 자는 마땅히
촉루장수髑髏杖手진언을 외우라.
옴 도나 바아라

만약 시방의 모든 부처님께서 어서 오셔서 손잡아
주길 구하는 자는 수주수數珠手진언을 외우라.
나모라 다나다라야야 옴 아나바제 미아예 싯디
싯달제 사바하

만약 묘하고 거룩한 범천의 음성을 성취하고자 하는
자는 마땅히 보탁수寶鐸手진언을 외우라.
나모 바나맘 바나예 옴 아미리 담암베 시리예
시리탐리니 사바하

만약 말솜씨가 교묘해지기를 구하는 자는 마땅히
보인수寶印手진언을 외우라.
옴 바아라녜 담아예 사바하

만약 좋은 신들과 용이 와서 옹호해주기를 구하는
자는 구시철구수俱尸鐵鉤手진언을 외우라.
옴 아가로 다라가라 미사예 나모 사바하

만약 자비로 모든 중생을 감싸 보살피려 하는 자는
마땅히 석장수錫杖手진언을 외우라.
옴 날지 날지 날타바지 날제 나야바니 훔바탁

만약 모든 중생들이 늘 서로 공경하고 사랑하기를
원하는 자는 마땅히 합장수合掌手진언을 외우라.
옴 바나맘 아링하리

만약 나는 곳 마다 부처님 곁을 여의지 않으려거든
관세음보살 화불수진언化佛手眞言을 외우라
옴 전나라 바맘타 이가리 나기리 나기니 훔 바탁

만약 새롭게 태어날 적마다 늘 부처님의 궁전 가운데
있어서 태 속의 몸 받지 않기를 구하는 자는 마땅히
화궁전수化宮殿手진언을 외우라.
옴 미사라 미사라 훔 바탁

만약 많이 듣고 널리 배움을 구하는 자는 마땅히
보경수寶經手진언을 외우라.
옴 아하라 살바미냐 다라 바니뎨 사바하

만약 지금 이 몸으로부터 부처몸 이룰 때까지
보리심이 늘 물러나지 않기를 구하는 자는 마땅히
불퇴금륜수不退金輪手진언을 외우라.
옴 서나미자 사바하

만약 시방의 모든 부처님께서 어서 오셔서 나의 이마를 만져 성불의 언약 수기手記를 구하는 자는 마땅히 정상화불수頂上化佛手진언을 외우라.
옴 바아라니 바아람예 사바하

만약 과일과 모든 곡식의 풍요를 구하는 자는 마땅히 포도수蒲萄手진언을 외우라.
옴 아마라 검제이니 사바하

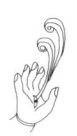
만약 일체중생의 기갈한 자로 하여금 청량함을 주려거든 관세음보살의 감로수진언甘露手眞言을 외우라
옴 소로소로 바라소로 바라소로 소로소로야 사바하

만약 어떤사람이 삼천대천 세계의 마군이를 항복받으려거든 관세음보살 총섭천비수진언總攝千臂手眞言을 외우라,
다냐타 바로기제 세바라야 살바도따 오하야미 사바하

  이와 같이 무엇이나 구할 수 있는 법이 천가지가 있으나 지금 여기서는 42수주만 말씀하셨다.

진언을 외울 때는 반드시 관세음 보살을 염송하고 필요한 진언을 세 번 외운다. 예를 들면, 첫 번째 나오는 여의주수 진언을 외울 때는

'관세음보살 여의주수진언 (1번)

옴 바라 바다라 훔 바탁 (3번)'을 반복하면 된다.

그때에 일광보살日光菩薩이 대비심다라니를 받아 지니는 일체 중생들을 옹호하기 위하여 신묘한 다라니를 설하셨다 일광보살의 다라니는 이와 같다

'나무 발타구상스나미 나무 달마막가져 나무 승가다야니 저리부필 살돌첨나마.'

이 다라니를 외우면 모든 죄를 없애고 능히 마군을 물리치며 하늘의 재앙을 없앨 수 있다. 만약 다라니 한편을 외우고 부처님께 한 번 절하여 이처럼 날마다 따로 세 때에 다라니를 외우고 부처님께 절하면 오는 세상 몸을 받는 곳마다 마땅히 그 낱낱 모습이 단정하게 되고 행복하게 살아갈 과보를 받게 될 것이다.

월광보살月光菩薩도 또한 여러 수행하는 사람을 위해 다라니를 설해 옹호할 주문을 설하시니 월광보살의 다라니는 이러하다.

'심지제도소타 아야밀제오도타 심기타 파라제 야미야타 오도타구라제타 기마타 사바하.'

이 다라니를 다섯 편 외우고 오색 실로 다라니 끈을 만들어 아픈 곳에 매어두라. 이 다라니는 지난 세상 마흔 개의 갠지스강 모래알 수 같은 여러 부처님께서 말씀하신 바라 나도 지금 설한다.

그 까닭은 이 다라니가 모든 수행인을 옹호해주기 때문이며, 모든 장애와 재난을 없애주기 때문이며, 모든 몹쓸 병의 고통을 없애주기 때문이며, 모든 좋은 법을 성취해주기 때문이며, 모든 두려움을 멀리 여의게 하기 때문이다.

유통분流通分

부처님께서는 아난에게 말씀하셨다.

"너는 마땅히 지극한 마음으로 정성을 다해 이 대비심다라니를 받아 지녀 널리 염부제(閻浮堤, Gambu-dvipa : 수미산 남쪽 섬 곧 인간세상)에 유포하여 끊어짐이 없게 하라.

이 다라니는 능히 삼계의 뭇 중생들을 크게 이익되게 하고 온갖 걱정거리와 고통이 몸에 가득한 자도 이 다라니로 다스리면 낫지 않는 자가 없다. 이 신묘한 다라니를 잘 받아 지니면 말라죽은 나무에서도 오히려 새로운 가지와 꽃과 열매가 생기거늘, 하물며 뜻이 있고 지식이 있는 중생들야 말해 무엇하겠는가. 몸에 병환이 있을 때 다라니로 다스려서 낫지 않는 일이란 있을 수 없다.

선남자여, 이 다라니의 위신력은 이처럼 말할 수 없고 생각할 수도 없으니 아무리 찬탄해도 이루 다 말할 수 없다. 이 다라니로 말하면 누가 지난 세상 아득한 세월을 지내 오면서 적은 선근이라도 심지 못했다면, 절대로 이 다라니의 이름자도

들을 수 없거늘 어찌 하물며 이러한 경전을 볼 수 있겠는가.
 너희들 대중과 하늘 사람, 용과 신들은 내가 찬탄하는 말을 듣고 모두 따라 환희해야 한다. 만약 이 대비심다라니를 헐뜯는 자는 곧 99억 갠지스강 모래수와 같은 여러 부처님을 헐뜯는 것이 된다. 그리고 만약 이 다라니를 의심하여 믿지 못하는 자가 있다면 그 사람은 길이 큰 이익을 잃고 백천 만겁에 늘 악한 갈래길에 빠져서 전연 나올 기약이 없으며 어느 때고 부처님을 만나 뵙지 못할 뿐만 아니라 법을 얻어듣지도 못하며 스님네를 만나 뵙지도 못하게 될 것이다."
 대중 가운데 있던 모든 보살마하살과 금강밀적과 대범천왕과 하늘왕인 제석과 사천왕, 용과 귀신들이 부처님께서 이 다라니 찬탄하심을 듣고 모두 다 기뻐하여 그 가르침을 받들어 수행할 것을 맹세하였다.

 우리는 천만 다행으로 다라니를 외우고 있습니다. 이 이상 더한 영광이 또 달리 무엇이 있겠습니까. 이 한 권의 천수경 광해는 온 인류의 영원한 보물입니다. 이같이 소중한 보물을 갖느냐 마느냐 하는 것은 영생들의 선택의 자유에 있습니다. 필자는 필을 놓으면서 지고히 신성한 여러분들의 현명한 선택의 자유에 경배합니다.

동요 천수관음
(說堂詩)

우리엄마 손과눈은 둘이지마는
아들딸을 알뜰살뜰 보살필때는
눈과손이 천개라도 모자랍니다.
그러므로 우리들은 엄마사랑을
천수천안 보살이라 부른답니다.

우리엄마 손과눈은 둘이지마는
어린자식 아름답게 키우실때는
손과눈이 길이되고 빛이되어서
천만가지 재롱으로 보살핍니다.
그러므로 우리들은 엄마사랑을
천수천안 관자재라 칭송합니다.

우리엄마 손과눈은 둘이지마는
자식들을 훌륭하게 키우실때는
눈-코뜰 사이없이 손발이닳고
불쌍하게 여기심이 우주와같네
그러므로 우리들은 엄마사랑을
대자대비 보살이라 부른답니다.

(길; 道, 재롱; 神通)

부록
천수천안 관자재보살 광대원만 무애대비심 대다라니
千手千眼 觀自在菩薩 廣大圓滿無碍大悲心 大多羅尼

천수천안관세음보살광대원만무애대비심다라니경
千手千眼觀世音菩薩廣大圓滿無礙大悲心陀羅尼經

당서천축사문가범달마역
唐西天竺沙門伽梵達摩譯

● 序分(서분)

○ 대비심 다라니경의 회상

여시아문 일시석가모니불 재보타락가산 관세음궁전보장엄도량
如是我聞. 一時釋迦牟尼佛. 在補陀落迦山. 觀世音宮殿寶莊嚴道場
중 좌보사자좌 기좌순이무량잡마니보이용장엄백보당번주잡현
中. 坐寶師子座. 其座純以無量雜摩尼寶而用莊嚴百寶幢旛周匝懸
례 이시여래어피좌상 장욕연설총지다라니고 여무앙수보살마하
列. 爾時如來於彼座上. 將欲演說總持陀羅尼故. 與無央數菩薩摩訶
살구 기명왈총지왕보살보왕보살 약왕보살약상보살 관세음보살
薩俱. 其名曰總持王菩薩寶王菩薩. 藥王菩薩藥上菩薩. 觀世音菩薩
대세지보살 화엄보살대장엄보살 보장보살덕장보살 금강장보살
大勢至菩薩. 華嚴菩薩大莊嚴菩薩. 寶藏菩薩德藏菩薩. 金剛藏菩薩
허공장보살 미륵보살보현보살문수사리보살 여시등보살마하살
虛空藏菩薩. 彌勒菩薩普賢菩薩文殊師利菩薩. 如是等菩薩摩訶薩.
개시관정대법왕자 우여무량무수대성문승 개행아라한 십지마하
皆是灌頂大法王子. 又與無量無數大聲聞僧. 皆行阿羅漢. 十地摩訶
가섭이위상수 우여무량범마라천 선타범마이위상수 우여무량욕
迦葉而爲上首. 又與無量梵摩羅天. 善吒梵摩而爲上首. 又與無量欲
계제천자구 구파가천자이위상수 우여무량호세사왕구 제두뢰타
界諸天子俱. 瞿婆伽天子而爲上首. 又與無量護世四王俱. 提頭賴吒
이위상수 우여무량천용야차건달파아수라가루라긴나라마후라가
而爲上首. 又與無量天龍夜叉乾闥婆阿修羅迦樓羅緊那羅摩睺羅伽
인비인등구 천덕대룡왕이위상수 우여무량욕계제천여구 동목천
人非人等俱. 天德大龍王而爲上首. 又與無量欲界諸天女俱. 童目天
여이위상수 우여무량허공신 강해신천원신하소신 약초신수림신
女而爲上首. 又與無量虛空神. 江海神泉源神河沼神. 藥草神樹林神
사택신 수신화신지신풍신 토신산신석신 궁전등신개래집회
舍宅神. 水神火神地神風神. 土神山神石神. 宮殿等神皆來集會.

○ 신통광명의 상서

시관세음보살 어대회중밀방신통 광명조요시방찰토 금차삼천대
時觀世音菩薩. 於大會中密放神通. 光明照曜十方刹土. 及此三天大
천세계 개작금색 천궁용궁제존신궁개실진동 강하대해철위산수
天世界 皆作金色. 天宮龍宮諸尊神宮皆悉震動. 江河大海鐵圍山須
미산 토산흑산역개대동 일월주화성숙지광개실불현 어시총지왕
彌山. 土山黑山亦皆大動. 日月珠火星宿之光皆悉佛現. 於是總持王

菩薩. 見此希有之相怪未曾有. 即從座起叉手合掌. 以偈問佛. 如此
神通之相十誰所放. 以偈問曰

誰於今日成正覺　普放如是大光明
是方刹土皆金色　三天世界亦復然
誰於今日得自在　演放希有大神力
無邊佛國皆震動　龍神宮殿悉不安
今此大衆咸有疑　不測因緣是誰力
爲佛菩薩大聲聞　爲梵魔天諸釋等
唯願世尊大慈悲　說此神通所由以

佛告總持王菩薩言. 善男子汝等當知. 今此會中有一菩薩摩訶薩. 名
曰觀世音自在. 從無量劫來成就大慈大悲. 善能修習無量陀羅尼門.
爲欲安樂諸衆生故. 密放如是大神通力

● 正宗分(정종분)

○ 다라니에 담긴 관세음의 본원(本願)

佛說是語已. 爾時觀世音菩薩從座而起整理依服向佛合掌. 白佛言
世尊. 我有大悲心陀羅尼呪今當欲說. 爲諸衆生得安樂故. 除一切病
故. 得壽命故得當饒故. 滅除一切惡業重罪故. 離障難故. 增長一切
白法諸功德故. 成就一切諸善根故. 遠離一切諸怖畏故. 速能滿足一
切諸希求故. 惟願世尊慈哀聽許. 佛言善男子. 汝大慈悲安樂衆生欲
說神呪. 今正是時宜應速說. 如來隨喜諸佛亦然. 觀世音菩薩重白佛
言. 世尊我念過去無量億劫. 有佛出世. 名曰千光王靜住如來. 彼佛

世尊憐念我故. 及爲一切諸衆生故. 說此廣大圓滿無礙大悲心陀羅
尼. 以金色手摩我頂上作如是言. 善男子汝當持此心呪. 普爲未來惡
世一切衆生作大利樂. 我於是時始住初地. 一聞此呪故超第八地. 我
時心歡喜故即發誓言. 若我當來堪能利益安樂一切衆生者. 令我即
時身生千手千眼具足. 發是願已. 應時身上千手千眼悉皆具足. 十方
大地六種震動. 十方千佛悉放光明照觸我身. 及照十方無邊世界. 從
是已後. 復於無量佛所無量會中. 重更得聞. 親承受持是陀羅尼. 復
生歡喜踊躍無量. 便得超越無數億劫微細生死. 從是已來常所誦持
未曾廢忘. 由持此呪故. 所生之處恒在佛前. 蓮華化生不受胎藏之
身. 若有比丘比丘尼優婆塞優婆夷童男童女欲誦持者. 於諸衆生起
慈悲心. 先當從我發如是願

南無大悲觀世音 願我速知一切法
南無大悲觀世音 願我早得智慧眼
南無大悲觀世音 願我速度一切衆
南無大悲觀世音 願我早得善方便
南無大悲觀世音 願我速乘般若船
南無大悲觀世音 願我早得越苦海
南無大悲觀世音 願我速得戒定道
南無大悲觀世音 願我早登涅槃山
南無大悲觀世音 願我速會無爲舍
南無大悲觀世音 願我早同法性身

我若向刀山　刀山自摧折
我若向火湯　火湯自消滅
我若向地獄　地獄自枯渴
我若向餓鬼　餓鬼自飽滿
我若向修羅　惡心自調伏
我若向畜生　自得大智慧

發是願已. 至心稱念我之名字. 亦應專念我本師我彌陀如來. 然後即當誦此陀羅尼神呪. 一宿誦滿五遍. 除滅身中百千萬億劫生死重罪. 觀世音菩薩復白不言. 世尊若諸人天. 誦持大悲章句者. 臨命終時十方諸佛皆來授手. 欲生何等佛土. 隨願皆得往生. 復白佛言. 世尊若諸衆生. 誦持大悲神呪墮三惡道者. 我誓不成正覺. 誦持大悲神呪者. 若不生諸佛國者. 我誓不成正覺. 誦持大悲神呪者. 若不得無量三昧辯才者. 我誓不成正覺. 誦持大悲神呪者. 於現在生中一切所求若不果遂者. 不得爲大悲心陀羅尼也. 唯除不善除不至誠. 若諸女人厭賤女身欲成男子身. 誦持大悲陀羅尼章句. 若不轉女身成男子身者. 我誓不成正覺. 生少疑心者必不果遂也. 若諸衆生侵損常住飲食財物. 千佛出世不通懺悔. 縱懺亦不除滅. 今誦大悲神呪即得除滅. 若侵損用常住飲食財物. 要對十方師懺謝然始除滅. 今誦大悲陀羅尼時. 十方師即來爲作證明. 一切罪障悉皆消滅. 一切十惡五逆. 謗人謗法破齋破戒. 破塔壞寺偸僧祇物汚淨梵行. 如是等一切惡業重罪悉皆滅盡. 唯除一事於呪生疑者. 乃至小罪輕業亦不得滅. 何況重

罪. 雖不卽滅重罪. 猶能遠作菩提之因. 復白佛言世尊. 若諸人天誦
持大悲心呪者. 得十五種善生. 不受十五種惡死也. 其惡死者. 一者
不令其飢餓困苦死. 二者不爲枷禁杖楚死. 三者不爲怨家讐對死. 四
者不爲軍陣相殺死. 五者不爲豺狼惡獸殘害死. 六者不爲毒蛇蚖蝎
所中死. 七者不爲水火焚漂死. 八者不爲毒藥所中死. 九者不爲蠱毒
害死. 十者不爲狂亂失念死. 十一者不爲山樹崖岸墜落死. 十二者不
爲惡人厭魅死. 十三者不爲邪神惡鬼得便死. 十四者不爲惡病纏身
死. 十五者不爲非分自害死. 誦持大悲心呪者. 不被如是十五種惡死
也. 得十五種善生者. 一者所生之處常逢善王. 二者常生善國. 三者
常値好時. 四者常逢善友. 五者身根常得具足. 六者道心純熟. 七者
不犯禁戒. 八者所有眷屬恩義和順. 九者資具財食常得豐足. 十資恒
得他人恭敬扶接. 十一者所有財寶無他劫奪. 十二者意欲所求皆悉
稱遂. 十三者龍天善神恒常擁衛. 十四者所生之處見佛聞法. 十五者
所聞正法悟甚深義. 若有誦持大悲心陀羅尼者. 得如是等十五種善
生也. 一切天人應常誦持勿生懈怠

○ 신묘장구대다라니

namo ratna-trayāya nama āryāvalokiteśvarāya bodhisattvāya mahāsattvāya mahā-kāruṇikāya oṁ sarva-bhayeṣu trāṇa-kara ya tasmai namas-kṛtvā imam āryāvalokiteśvarabhāṣitaṁ nīla-kāṇṭha namo hṛdayam āvartayiṣyāmi sarvārtha-sādha-naṁ śubham ajeyaṁ sarva-bhūtānāṁ bhava-mārga-viśuddhakaṃ tad yathā   om aloke aloka-matilokatikrante he he hare mahābodhisattva smara smara hṛdayaṃ   kuru kuru karmaṃ sādhaya sādhaya dhuru dhuru   vijayante mahā-vijayante dhara dhara dharendreśvara cala cala mala-vimala amala-mukty ehy ehi lokeśvara rāga-viṣaṃ vināśaya dveṣa-viṣaṃ vināśaya moha-viṣaṃ vināśaya hulu hulu mala hulu hulu mala hulu hulu hare padma-nābha sara sara siri siri sru sru budhya budhya bodhaya bodhaya   maitreya-nīla-kaṇṭha kā masya dharṣaṇaṃ prahrādaya-mānaḥ svāhā siddhāya svāhā mahā-siddhāya svāhā siddha-yogeśvarāya svāhā   nīla-kaṇṭhā ya svāhā varāhamukha-sim-hamukhāya svāhā   padma-hastā ya svāhā cakra-yuktāya svāhā śankha-śabdane bodhanāya svāhā   maha-lakuṭa-dharāya svāhā   vāma-skandha-diśa-sthita-kṛṣṇa-jināya svāhā vyāghra-carma-nivasanāya svāhā namo ratna-trayāya nama āryāvalokiteśvarāya svāhā oṃ si-dhyantu mantra-padāya svāhā

○ 다라니의 참모습과 대중의 옹호

觀世音菩薩說此呪已. 大地六變震動. 天雨寶華繽紛而下. 十方諸佛悉皆歡喜. 天魔外道恐怖毛竪. 一切衆會皆獲果證. 或得須陀洹果. 或得斯陀含果. 或得阿那含果. 或得阿羅漢果者. 或得一地二地三地四地五地. 乃至十地者. 無量衆生發菩提心. 爾時大梵天王從座而

起. 整理衣服合掌恭敬. 白觀世音菩薩言. 善哉大士我從昔來經無量
佛會. 聞種種法種種陀羅尼. 未曾聞說如此無礙大悲心大悲陀羅尼
神妙章句. 唯願大士爲我. 說此陀羅尼形貌狀相. 我等大衆願樂欲
聞. 觀世音菩薩告梵王言. 汝爲方便利益一切衆生故. 作如是問. 汝
今善聽吾爲汝等略說少耳. 觀世音菩薩言. 大慈悲心是平等心. 是無
爲心是無染著心. 是空觀心是恭敬心. 是卑下心是無雜亂心無見取
心. 是無上菩提心. 是當知如是等心即是陀羅尼相貌. 汝當依此而修
行之 大梵王言. 我等大衆今始識此陀羅尼相貌. 從今受持不敢忘失.
觀世音言. 若善男子善女人. 誦持此神呪者. 發廣大菩提心. 誓度一
切衆生神持齋戒. 於諸衆生起平等心. 常誦此呪莫令斷絶. 住於淨室
澡浴淸淨著淨衣服. 懸旛然燈香華百味飮食以用供養. 制心一處更
莫異緣. 如法誦持. 是時當有日光菩薩月光菩薩. 與無量神仙. 來爲
作證益其効驗. 我時當以千眼照見千手護持. 從是以往所是世間經
書悉能受持. 一切外道法術韋陀與籍亦能通達. 誦持此神呪者. 世間
八萬四千種病. 悉皆治之無不差者. 亦能使令一切鬼神. 降諸天魔制
諸外道. 若在山野誦經坐禪. 有諸山精雜魅魍魎鬼神. 橫相惱亂心不
安定者. 誦此呪一遍是. 諸鬼神悉皆被縛也. 若能如法誦持. 於諸衆
生起慈悲心者. 我時當勅一切善神龍王金剛密迹. 常隨衛護不離其
側. 如護眼睛如護已命. 說偈勅曰

我遣密迹金剛士　烏芻君茶鴦俱尸
八部力士賞迦羅　常當擁護受持者

아견마혜나라연　　금강라타가비라
我遣摩醯那羅延　金剛羅陀迦毘羅
상당옹호수지자　　아견파사사루라
常當擁護受持者　我遣婆馺娑樓羅
만선차발진다라　　상당옹호수지자
滿善車鉢眞陀羅　常當擁護受持者
아견살차마화라　　구란단타반지라
我遣薩遮摩和羅　鳩蘭單吒半祇羅
상당옹호수지자　　아견필파가라왕
常當擁護受持者　我遣畢婆伽羅王
응덕비다살화라　　상당옹호수지자
應德毘多薩和羅　常當擁護受持者
아견범마삼발라　　오부정거염마라
我遣梵摩三鉢羅　五部淨居炎摩羅
상당옹호수지자　　아견석왕삼십삼
常當擁護受持者　我遣釋王三十三
대변공덕파달나　　상당옹호수지자
大辯功德婆怛那　常當擁護受持者
아견제두뢰타왕　　신모여등대력중
我遣提頭賴吒王　神母女等大力衆
상당옹호수지자　　아견비루륵차왕
常當擁護受持者　我遣毘樓勒叉王
비루박차비사문　　상당옹호수지자
毘樓博叉毘沙門　常當擁護受持者
아견금색공작왕　　이십팔부대선중
我遣金色孔雀王　二十八部大仙衆
상당옹호수지자　　아견마니발다라
常當擁護受持者　我遣摩尼跋陀羅
산지대장불라파　　상당옹호수지자
散支大將弗羅婆　常當擁護受持者
아견난타발난타　　파가라용이발라
我遣難陀跋難陀　婆伽羅龍伊鉢羅
상당옹호수지자　　아견수라건달파
常當擁護受持者　我遣脩羅乾闥婆
가루긴나마후라　　상당옹호수지자
迦樓緊那摩睺羅　常當擁護受持者
아견수화뢰전신　　구반다왕비사도
我遣水火雷電神　鳩槃荼王毘舍闍
상당옹호수지자
常當擁護受持者

시제선신급신용왕신모녀등　각유오백권속　대력야차상수옹호　송
是諸善神及神龍王神母女等. 各有五百眷屬. 大力也叉常隨擁護. 誦

持大悲神呪者. 其人若在空山曠野獨宿孤眠. 是諸善神番代宿衛辟
除災障. 若在深山迷失道路. 誦此呪故善神龍王. 化作善人示其正
道. 若在山林曠野乏少水火. 龍王護故化出水火. 觀世音菩薩復爲誦
持者. 說消除災禍淸涼之偈

若行曠野山澤中　逢值虎狼諸惡獸
蛇蚖精魅魍魎鬼　聞誦此呪莫能害
若行江湖滄海間　毒龍蛟龍摩竭獸
夜叉羅刹魚鼈黿　聞誦此呪自藏隱
若逢軍陣賊圍繞　或被惡人奪財寶
至誠稱誦大悲呪　彼起慈心復道歸
若爲王官收錄身　囹圄禁閉枷杻鎖
至誠稱誦大悲呪　官自開恩釋放還
若入野道蠱毒家　飮食有藥欲相害
至誠稱誦大悲呪　毒藥變成甘露漿
女人臨難生產時　邪魔遮障苦難忍
至誠稱誦大悲呪　鬼神退散安樂生
惡龍疫鬼行毒氣　熱病侵陵命欲終
至心稱誦大悲呪　疫病消除壽命長
龍鬼流行諸毒腫　癰瘡膿血痛叵堪
至心稱誦大悲呪　三唾毒腫隨口消
衆生濁惡起不善　厭魅呪詛結怨讎

<u>지심칭송대비주</u> <u>염매환착어본인</u>
至心稱誦大悲呪 厭魅還著於本人
<u>악생탁란법멸시</u> <u>음욕화성심미도</u>
惡生濁亂法滅時 婬欲火盛心迷倒
<u>기배처서외탐염</u> <u>주야사사무잠정</u>
棄背妻婿外貪染 晝夜邪思無暫停
<u>약능칭송대비주</u> <u>음욕화멸사심제</u>
若能稱誦大悲呪 婬欲火滅邪心除
<u>아약광찬주공력</u> <u>일겁칭양무진기</u>
我若廣讚呪功力 一劫稱揚無盡期

○ 다라니 외우는 공덕

<u>이시관세음보살고범천언</u> <u>송차주오편</u> <u>취오색선작색</u> <u>주이십일편</u>
爾時觀世音菩薩告梵天言. 誦此呪五遍. 取五色線作索. 呪二十一遍
<u>결작이십일결계항</u> <u>차다라니시과거구십구억항하사제불소설</u> <u>피</u>
結作二十一結繫項. 此陀羅尼是過去九十九億恒河沙諸佛所說. 彼
<u>등제불위제행인</u> <u>수행육도미만족자속령만족고</u> <u>미발보리심자속</u>
等諸佛爲諸行人. 修行六度未滿足者速令滿足故. 未發菩提心者速
<u>령발심고</u> <u>약성문인미증과자속령증고</u> <u>약삼천대천세계내제신선</u>
令發心故. 若聲聞人未證果者速令證故. 若三千大千世界內諸神仙
<u>인</u> <u>미발무상보리심자령속발심고</u> <u>약제중생미득대승신근자</u> <u>이차</u>
人. 未發無上菩提心者令速發心故. 若諸衆生未得大乘信根者. 以此
<u>다라니위신력고</u> <u>영기대승종자법아증장</u> <u>이아방편자비력고</u> <u>영기</u>
陀羅尼爲神力故. 令其大乘種子法芽增長. 以我方便慈悲力故. 令其
<u>소수개득성판</u> <u>대삼천대천세계</u> <u>유은암처삼도중생</u> <u>문아차주개득</u>
所須皆得成辦. 大三千大千世界. 幽隱闇處三塗衆生. 聞我此呪皆得
<u>이고</u> <u>유제보살미개초주자속령득고</u> <u>내지령득십주고</u> <u>우령득도</u>
離苦. 有諸菩薩未皆初住者速令得故. 乃至令得十住地故. 又令得到
<u>불지고</u> <u>자연성취삼십이상팔십수형호</u> <u>약성문인문차다라니일경</u>
佛地故. 自然成就三十二相八十隨形好. 若聲聞人聞此陀羅尼一經
<u>이자</u> <u>수행서사차다라니자</u> <u>이질직심여법이주자</u> <u>사사문과불구자</u>
耳者. 修行書寫此陀羅尼者. 以質直心如法而住者. 四沙門果不求自
<u>득</u> <u>약삼천대천세계내</u> <u>산하석벽사대해수능령용비</u> <u>수미산급철위</u>
得. 若三千大千世界內. 山河石壁四大海水能令涌沸. 須彌山及鐵圍
<u>산능령요동</u> <u>우령쇄여미진</u> <u>기중중생실령발무상보리심</u> <u>약제중생</u>
山能令搖動. 又令碎如微塵. 其中衆生悉令發無上菩提心. 若諸衆生
<u>현세구원자</u> <u>어삼칠일정지재계</u> <u>송차다라니필과소원</u> <u>종생사제지</u>
現世求願者. 於三七日淨持齋戒. 誦此陀羅尼必果所願. 從生死際至
<u>생사제</u> <u>일체악업병개멸진</u> <u>삼천대천세계내</u> <u>일체제불보살</u> <u>범석</u>
生死際. 一切惡業並皆滅盡. 三千大千世界內. 一切諸佛菩薩. 梵釋
<u>사천왕신선용왕실개증지</u> <u>약제인천송지차다라니자</u> <u>기인약재강</u>
四天王神仙龍王悉皆證知. 若諸人天誦持此陀羅尼者. 其人若在江

河大海中. 沐浴其中衆生. 得此人浴身之水霑著其身. 一切惡業重罪
悉皆消滅. 即得轉生他方淨土. 蓮華化生不受胎身濕卵之身. 何況受
持讀誦者. 若誦持者行於道路. 大風時來吹此人身毛髮衣服. 餘風下
過諸類衆生. 得其人飄身風吹著身者. 一切衆罪惡業並皆滅盡. 更不
受三惡道報常生佛前. 當知受持者福德果報不可思議. 誦持此陀羅
尼者. 口中所出言音若善若惡. 一切天魔外道天龍鬼神聞者. 皆是淸
淨法音. 皆於其人起恭敬心. 尊重如佛. 誦持此陀羅尼者. 當知其人
卽是佛身藏. 九十九億恒河沙諸佛所愛惜故. 當知其人卽是光明身.
一切如來光明照故. 當知其人是慈悲藏. 恒以陀羅尼救衆生故. 當知
其人是妙法藏. 普攝一切諸陀羅尼門故. 當知其人是禪定藏. 百千三
昧常現前故. 當知其人是虛空藏. 常以空慧觀衆生故. 當知其人是無
畏藏. 龍天善神常護持故. 當知其人是妙語藏. 口中陀羅尼音無斷絶
故. 當知其人是常住藏. 三災惡劫不能壞故. 當知其人是解脫藏. 千
魔外道不能稽留故. 當知其人是藥王藏. 常以陀羅尼療重生病故. 當
知其人是神通藏. 遊諸佛國得自在故. 其人功德讚不可盡. 善男子若
復有人. 厭世間苦求長生樂者. 在閑淨處淸淨結界. 呪衣著. 若水若
食若香若藥皆呪一百八遍. 服必得長命. 若能如法結界依法受持. 一
切成就. 其結界法者. 取刀呪二十一遍. 劃地爲界. 或取淨水呪二十
一遍. 散著四方爲界. 或取白芥子呪二十一遍. 擲著四方爲界. 或以
想到處爲界. 或取淨灰呪二十一遍爲界. 或呪五色線二十一遍. 圍繞
四邊爲界. 皆得. 若能如法受持自然剋果. 若聞此陀羅尼名字者. 尙

滅無量劫生死重罪. 何況誦持者. 若得此神呪誦者. 當知其人已曾供
養無量諸佛. 廣種善根. 若能爲諸衆生拔其苦難. 如法誦持者. 當知
其人即是具大悲者. 成佛不久. 所見衆生皆悉爲誦. 令彼耳聞與作菩
提因. 是人功德無量無邊讚不可盡. 若能精誠用心身持齋戒. 爲一切
衆生懺悔先業之罪. 亦自懺謝無量劫來種種惡業. 口中馺馺誦此陀
羅尼聲聲不絶者. 四沙門果此生即證. 其利根有慧觀方便者. 十地果
位剋獲不難. 何況世間小小福報. 所有求願無不果遂者也. 若欲使鬼
者. 取野髑髏淨洗. 於千眼像前設壇場. 以種種香華飮食祭之. 日日
如是七日. 必來現身隨人使令. 若欲使四天王者. 呪檀香燒之. 由此
菩薩大悲願力深重故. 亦爲此陀羅尼威神廣大故. 佛告阿難. 若有國
土災難起時. 是土國王若以正法治國. 寬縱人物不枉衆生赦諸有過.
七日七夜身心精進誦持如是大悲心陀羅尼神呪. 令彼國土一切災難
悉皆除滅. 五穀豐登萬姓安樂. 又若爲於他國怨敵. 數來侵擾百姓不
安. 大臣謀叛疫氣流行. 水旱不調日月失度. 如是種種災難起時. 當
造千眼大悲心像面向西方. 以種種香華幢幡寶蓋或百味飮食至心.
供養. 其王又能七日七夜身心精進. 誦持如是陀羅尼神妙章句. 外國
怨敵即自降伏. 各還政治不相擾惱. 國土通同慈心相向. 王子百官皆
行忠赤. 妃后婇女孝敬向王. 諸龍鬼神擁護其國. 雨澤順時果實豐饒
人民歡樂. 又若家內遇大惡病百怪競起. 鬼神邪魔耗亂其家惡人橫
造口舌以相謀害. 室家大小內外不和者. 當向千眼大悲像前設其壇
場. 至心念觀世音菩薩. 誦此陀羅尼滿其千遍. 如上惡事悉皆消滅

永得安隱

阿難白佛言. 世尊此呪名何云何受持. 佛告阿難. 如是神呪有種種名. 一名廣大圓滿. 一名無礙大悲. 一名救苦陀羅尼. 一名延壽陀羅尼. 一名滅惡趣陀羅尼. 一名破惡業障陀羅尼. 一名滿願陀羅尼. 一名隨心自在陀羅尼. 一名速超上地陀羅尼. 如是受持. 阿難白佛言. 世尊此菩薩摩訶薩名字何等. 善能宣說如是陀羅尼. 佛言此菩薩名觀世音自在. 亦名撚索亦名千光眼. 善男子此觀世音菩薩. 不可思議威神之力. 已於過去無量劫中. 已作佛竟號正法明如來. 大悲願力爲欲發起一切菩薩. 安樂成熟諸衆生故現作菩薩. 汝等大衆諸菩薩摩訶薩梵釋龍神. 皆應恭敬莫生輕慢. 一切人天常須供養專稱名號. 得無量福滅無量罪. 命終往生阿彌陀佛國.

○ 병을 다스리는 장

佛告阿難. 此觀世音菩薩所說神呪眞實不虛. 若欲請此菩薩來. 呪拙具羅香三七遍燒菩薩即來　若有猫兒所著者. 取弭哩吒那燒作灰. 和淨土泥. 捻作猫兒形. 於千眼像前. 呪鑌鐵刀子一百八遍. 段段割之亦一百八段. 遍遍一呪一稱彼名. 即永差不著. 若爲蠱毒所害者取藥劫布羅. 和拙具羅香. 各等分. 以井華水一升. 和煎取一升. 於千眼像前呪一百八遍. 服即差. 若爲惡蛇蝎所螫者. 取乾薑末呪一七遍. 著瘡中立即除差. 若爲惡怨橫相謀害者. 取淨土或麵或蠟捻作本形. 於千眼像前. 呪鑌鐵刀一百八遍. 一呪一截一稱彼名. 燒盡一百八段. 彼即歡喜終身厚重相愛敬. 若有患眼睛壞者.

若靑盲眼暗者. 若白暈赤膜無光明者. 取 訶梨勒果 菴摩勒果 鞞醯
勒果 三種各一顆. 擣破細研. 當研時唯須護淨. 莫使新產婦人及猪
狗見. 口中念佛. 以白蜜若人乳汁. 和封眼中. 著其人乳要須男孩子
母乳. 女母乳不成. 其藥和竟. 還須千眼像前呪一千八遍. 著眼中滿
七日. 在深室愼風. 眼睛還生. 靑盲白暈者光奇盛也. 若患瘡病著者.
取虎豹豺狼皮呪三七遍. 披著身上即差. 師子皮最上. 若皮蛇螫. 取
被螫人結膵呪三七遍. 著瘡中即差. 若患惡瘡入心悶絕欲死者. 取桃
膠一顆. 大小亦如桃顆. 淸水一升和煎取半升呪. 七遍頓服盡即差.
其藥莫使婦人煎. 若患傳屍鬼氣伏屍連病者. 取拙具羅香呪三七遍.
燒熏鼻孔中. 又取七丸如免糞. 呪三七遍呑即差. 愼酒肉五辛及惡
罵. 若取摩那屎羅 和白芥子印成鹽. 呪三七遍. 於病兒床下燒.
其作病兒即魔掣迸走不敢住也. 若患耳聾者. 呪胡麻油著耳中即差.
若患一邊偏風耳鼻不通手脚不隨者. 取胡麻油煎靑木香. 呪三七遍.
摩拭身上永得除差. 又方取純牛酥. 呪三七遍摩亦差. 若患難產者.
取胡麻油呪三七遍. 麻產婦臍中及玉門中即易生. 若婦人懷妊子死
腹中. 取阿波末利伽草 一大雨. 淸水二升和煎取一升. 呪三七
遍. 服即出一無苦痛. 胎衣不出者. 亦服此藥即差. 若卒患心痛不可
忍者. 名遁屍疰. 取君柱魯香 乳頭成者一顆. 呪三七遍. 口中嚼
咽不限多少. 令邊土即差. 愼五辛酒肉. 若被火燒瘡. 取熱瞿摩夷
呪三七遍. 塗瘡上即差. 若患蚘蟲㰣心. 取骨魯末遮 半升
呪三七遍服即差. 重者一升. 蟲如綟索出來. 若患丁瘡者. 取凌鎖葉

擣取汁. 呪三七遍. 瀝著瘡上即拔根出立差. 若患蠅螫眼中. 骨魯怛
가 濾取汁. 呪三七遍. 夜臥著眼中即差. 若患腹中痛. 和井華水
和印成鹽三七顆. 呪三七遍. 服半升即差. 若患赤眼者. 及眼中有努
肉及有瞖者. 取奢奢彌葉 擣濾取汁. 呪三七遍. 浸青錢一宿更
呪七遍著眼中即差. 若患畏夜不安恐怖出入驚怕者. 取白線作索. 呪
三七遍. 作二十一結繫項. 恐怖即除. 非但除怖亦得滅罪. 若家内橫
起災難者. 取石榴枝寸截一千八段. 兩頭塗酥酪蜜. 一呪一燒盡千八
遍一切災難悉皆除滅. 要在佛前作之. 若取白菖蒲呪三七遍. 繫著右
臂上. 一切鬪處論義處皆得勝他. 若取奢奢彌葉枝柯寸截. 兩頭塗眞
牛酥白蜜牛酥. 一呪一燒盡一千八段. 日別三時時別一千八遍. 滿七
日呪師自悟通智也. 若欲降伏大力鬼神者. 取阿唎瑟迦柴 呪七
七遍. 火中燒. 還須塗酥酪蜜. 要須於大悲心像前作之. 若取胡嚧遮
那 一大兩. 著瑠璃瓶中. 置大悲心像前. 呪一百八遍. 塗身點額
一切天龍鬼神及非人皆悉歡喜也. 若有身被枷鎖者. 取白鴿糞呪一
百八遍. 塗於手上用摩枷鎖. 枷鎖自脫也. 若有夫婦不和狀如水火
者. 取鴛鴦尾. 於大悲心像前呪一千八遍. 帶彼即終身歡喜相愛敬.
若有被蟲食田苗及五果子者. 取淨灰淨沙或淨水. 呪三七遍. 散田苗
四邊蟲即退散也. 果樹兼呪水灑者樹上. 蟲不敢食果也.

○ 사십수진언(四十手眞言)

佛告阿難. 若爲富饒種種珍寶資具者. 當於如意珠手. 若爲種種不安
求安隱者. 當於羂索手. 若爲腹中諸病. 當於寶鉢手. 若爲降伏一切

魍魎鬼神者. 當於寶劍手. 若爲降伏一切天魔神者. 當於跋折羅手. 若爲摧伏一切怨敵者. 當於金剛杵手. 若爲一切處怖畏不安者. 當於施無畏手. 若爲眼闇無光明者. 當於日精摩尼手. 若爲熱毒病求清涼者. 當於月精摩尼手. 若爲榮官益職者. 當於寶弓手. 若爲諸善朋友早相逢者. 當於寶箭手. 若爲身上種種病者. 當於楊枝手. 若爲除身上惡障難者. 當於白拂手. 若爲一切善和眷屬者. 當於寶瓶手. 若爲辟除一切虎狼豺豹諸惡獸者. 當於傍牌手. 若爲一切時處好離官難者. 當於斧鉞手. 若爲男女僕使者. 當於玉環手. 若爲種種功德者. 當於白蓮華手. 若爲欲得往生十方淨土者. 當於青蓮華手. 若爲大智慧者. 當於寶鏡手. 若爲面見十方一切諸佛者. 當於紫蓮華手. 若爲地中伏藏者. 當於寶篋手. 若爲仙道者. 當於五色雲水. 若爲生梵天者. 當於軍遲手. 若爲往生諸天宮者. 當於紅蓮華手. 若爲辟除他方逆賊者. 當於寶戟手. 若爲召呼一切諸天善神者. 當於寶螺手. 若爲使令一切鬼神者. 當於髑髏杖手. 若爲十方諸佛速來授手者. 當於數珠手. 若爲成就一切上妙梵音聲者. 當於寶鐸手. 若爲口業辭辯巧妙者. 當於寶印手. 若爲善神龍王常來擁護者. 當於俱尸鐵鉤手. 若爲慈悲覆護一切衆生者. 當於錫杖手. 若爲一切衆生常相恭敬愛念者. 當於合掌手. 若爲生生之衆不離諸佛邊者. 當於化佛手. 若爲生生世世常在佛宮殿中. 不處胎藏中受身者. 當於化宮殿手. 若爲多聞廣學者. 當於寶經手. 若爲從今身至佛身菩提心常不退轉者. 當於不退金輪手. 若爲十方諸佛速來摩頂授記者. 當於頂上化佛手. 若爲果蓏諸

穀稼者. 當於蒲萄手. 如是可求之法有其千條. 今粗略說少耳
日光菩薩爲受持大悲心陀羅尼者. 說大神呪而擁護之
南無勃陀瞿那迷 南無達摩莫訶低 南無僧伽多夜泥 底哩部畢薩咄
檐納摩
誦此呪滅一切罪. 亦能辟魔及除天災. 若誦一遍禮佛一拜. 如是日別
三時誦呪禮佛. 未來之世所受身處. 當得一一相貌端正可喜果報
月光菩薩亦復爲諸行人. 說陀羅尼呪而擁護之
深低帝屠蘇吒 阿若蜜帝烏都吒 深耆吒 波賴帝 耶彌若吒烏都吒
拘羅帝吒耆摩吒 沙婆訶
誦此呪五遍. 取五色線作呪索. 痛處繫. 此呪乃是過去四十恒河沙諸
佛所說. 我今亦說. 爲諸行人作擁護故. 除一切障難故. 除一切惡病
痛故. 成就一切諸善法故. 速離一切諸怖畏故.

● 流通分(유통분)

佛告阿難. 汝當深心淸淨受持此陀羅尼. 廣宣流布於閻浮提莫令斷
絶. 此陀羅尼能大利益三界衆生. 一切患苦縈身者. 以此陀羅尼治之
無有不差者. 此大神呪呪乾枯樹. 尚得生枝柯葉果. 何況有情有識衆
生. 身有病患治之不差必無是處. 善男子此陀羅尼威神之力. 不可思
議不可思議歎莫能盡. 若佛過去久遠已來廣種善根. 乃至名字不可
得聞. 何況得見. 汝等大衆天人龍神. 聞我讚歎皆應隨喜. 若有謗此
呪者. 卽爲謗彼九十九億恒河沙諸佛. 若於此陀羅尼生疑不信者. 當

知其人永失大利. 百千萬劫常淪惡趣無有出期. 常不見佛不聞法不
覲僧. 一切衆會菩薩摩訶薩. 金剛密跡梵釋四天龍鬼神. 聞佛如來讚
歎此陀羅尼. 皆悉歡喜奉教修行

부록
우리말 독송천수경

정구업진언
 수리수리 마하수리 수수리 사바하 (세번)

오방내외안위제신진언
 나무 사만다 못다남 옴 도로도로 지미 사바하 (세번)

개경게
무상심심미묘법 백천만겁난조우
아금문견득수지 원해여래진실의

개법장진언
 옴 아라남 아라다 (세번)

천수천안 관자재보살 광대원만 무애대비심대다라니
계청

계수관음대비주 원력홍심상호신
천비장엄보호지 천안광명변관조
진실어중선밀어 무위심내기비심
속령만족제희구 영사멸제제죄업
천룡중성동자호 백천삼매돈훈수
수지신시광명당 수지심시신통장
세척진로원제해 초증보리방편문
아금칭송서귀의 소원종심실원만

나무대비관세음 원아속지일체법
나무대비관세음 원아조득지혜안
나무대비관세음 원아속도일체중
나무대비관세음 원아조득선방편
나무대비관세음 원아속승반야선
나무대비관세음 원아조득월고해
나무대비관세음 원아속득계정도
나무대비관세음 원아조등원적산
나무대비관세음 원아속회무위사
나무대비관세음 원아조동법성신

아약향도산 도산자최절 아약향화탕 화탕자소멸
아약향지옥 지옥자고갈 아약향아귀 아귀자포만
아약향수라 악심자조복 아약향축생 자득대지혜
나무관세음보살마하살 나무대세지보살마하살
나무천수보살마하살 나무여의륜보살마하살
나무대륜보살마하살 나무관자재보살마하살
나무정취보살마하살 나무만월보살마하살
나무수월보살마하살 나무군다리보살마하살
나무십일면보살마하살 나무제대보살마하살
나무본사아미타불 (세번)

신묘장구대다라니

나모라 다나다라 야야 나막알약 바로기제 새바라야 모지사다바야 마하사다바야 마하가로 니가야 옴살바 바예수 다라나 가라야 다사명 나막 가리다바 이맘 알야 바로기제 새바라 다바 니라간타 나막 하리나야 마발다 이사미 살발타 사다남 수반 아예염 살바보다남 바바말아 미수다감 다냐탸 옴 아로계 아로가 마지로가 지가란제 혜혜 하례 마하모지 사다바 사마라 사마라 하리나야 구로 구로 갈마 사다야 사다야 도로 도로 미연제 마하미연제 다라 다라 다린 나례 새바라 자라 자라 마라 미마라 아마라 몰제 예혜혜 로계 새바라 라아 미사미 나사야 나베 사미 사미 나사야 모하자라 미사미 나사야 호로 호로 마라호로 하례 바나마 나바 사라사라 시리시리 소로소로 못쟈못쟈 모다야 모다야 매다리야 니라간타 가마사 날사남 바라 하라 나야 마낙 사바하 싯다야 사바하 마하싯다야 사바하 싯다 유예 새바라야 사바하 니라간타야 사바하 바라하 목카 싱하목카야 사바하 바나마 하따야 사바하 자가라 욕다야 사바하 상카 섭나녜 모다나야 사바하 마하라 구타 다라야 사바하 바마사간타 이사시체다 가릿나 이나야 사바하 먀가라잘마 이바사나야 사바하
나모라 다나다라 야야 나막알야 바로기제 새바라야 사바하(세번)

 사방찬
일쇄동방결도량 이쇄남방득청량
삼쇄서방구정토 사쇄북방영안강

 도량찬
도량청정무하예 삼보천룡강차지
아금지송묘진언 원사자비밀가호

 참회게
아석소조제악업 개유무시탐진치
종신구의지소생 일체아금개참회

참제업장십이존불
나무참제업장보승장불   보광왕화염조불
일체향화자재력왕불   백억항하사결정불
진위덕불   금강견강소복괴산불
보광월전묘음존왕불   환희장마니보적불
무진향승왕불   사자월불
환희장엄주왕불   제보당마니승광불

십악참회
살생중죄금일참회   투도중죄금일참회
사음중죄금일참회   망어중죄금일참회
기어중죄금일참회   양설중죄금일참회
악구중죄금일참회   탐애중죄금일참회
진에중죄금일참회   치암중죄금일참회

백겁적집죄   일념돈탕진
여화분고초   멸진무유여
죄무자성종심기   심약멸시죄역망
죄망심멸양구공   시즉명위진참회

참회진언
옴 살바못자모지 사다야 사바하 (세번)

준제공덕취   적정심상송   일체제대난
무능침시인   천상급인간   수복여불등
우차여의주   정획무등등
나무칠구지불모대준제보살

정법계진언
　옴 남 (세번)

호신진언
　옴 치림 (세번)

관세음보살 본심미묘 육자대명왕 진언
옴 마니 반메 훔 (세번)

준제진언
나무 사다남 삼먁삼못다 구치남 다냐타
　옴 자례주례 준제 사바하 부림 (세번)

아금지송대준제　　즉발보리광대원
원아정혜속원명　　원아공덕개성취
원아승복변장엄　　원공중생성불도

여래십대발원문
원아영리삼악도　　원아속단탐진치
원아상문불법승　　원아근수계정혜
원아항수제불학　　원아불퇴보리심
원아결정생안양　　원아속견아미타
원아분신변진찰　　원아광도제중생

발사홍서원
중생무변서원도 번뇌무진서원단
법문무량서원학 불도무상서원성
자성중생서원도 자성번뇌서원단
자성법문서원학 자성불도서원성

원이 발원이 귀명례삼보
　나무상주시방불
　나무상주시방법
　나무상주시방승 (세 번)

깊은 뜻이 담겨있는 부처님 말씀 **천수경**

초판 1쇄 발행 1999년 7월 27일
초판 8쇄 발행 2022년 3월 28일

편저자 | 천명일

펴낸이 | 이의성
펴낸곳 | 지혜의나무
등록번호 | 제1-2492호
주소 | 서울시 종로구 관훈동 198-16 남도빌딩 3층
전화 | (02)730-2211 팩스 | (02)730-2210

ISBN 978-89-89182-70-2 03220

* 값은 뒷표지에 있습니다.
* 잘못된 책은 구입하신 곳에서 바꾸어 드립니다.
* 이 책의 무단 전재 또는 무단 복제 행위는 법률로 금하고 있습니다.